SÓ É FELIZ QUEM QUER!

"Pequenas **mudanças** podem gerar **grandes** conquistas."

Sidney Oliveira®

Agradeço a Deus
pela vida, e aos meus filhos
por me ajudarem a cultivar o
amor e a felicidade no nosso
dia a dia.

CIP-BRASIL. CATALOGAÇÃO NA PUBLICAÇÃO
SINDICATO NACIONAL DOS EDITORES DE LIVROS, RJ

O36s

Oliveira, Sidney de, 1953-
Só é feliz quem quer : pequenas mudanças podem gerar grandes conquistas / Sidney de Oliveira. - 1. ed. - São Paulo : On Line, 2013.
96 p. : il. ; 23 cm.

Inclui índice
ISBN 978-85-8133-126-3

1. Autorrealização (Psicologia). 2. Mudança (Psicologia). 3. Técnica de autoajuda. I. Título.

13-04322 CDD: 158.1
CDU: 159.947

On line EDITORA

Presidente: Paulo Roberto Houch • **Vice-Presidente Editorial:** Andrea Calmon • **Coordenador de Diagramação:** Rubens Martim • **Colaborou nesta edição:** Patricia Paiva (capa) • Planejamento e Criação: Maria Angela de Souza e Décio Nishioka • Colaboradora: Áurea Endo • Revisão: Rosana Braga • Fotógrafo: Luiz Ribeiro • Assessoria de Impressa: Márcia Stival • **Diretora Administrativa:** Jacy Regina Dalle Lucca • **Impresso por:** PROL • **Distribuição no Brasil por:** DINAP • **SÓ É FELIZ QUEM QUER!** é uma publicação do IBC – Instituto Brasileiro de Cultura Ltda. – Caixa Postal 61085 – CEP 05001-970 – São Paulo – SP – Tel.: (0**11) 3393-7777. Para adquirir com o IBC: www.revistaonline.com.br; Vendas aos Distribuidores: Tel.: (0**11) 3393-7728 vendas@editoraonline.com.br

Sumário

Prefácio

Este livro é o exemplo de que a felicidade depende do modo como se vive. Ele nos ajuda a enxergar que pequenas mudanças podem gerar grandes conquistas. A verdadeira felicidade está na sua própria casa, entre as alegrias da família.

Durante 12 anos, trabalhei como voluntária do Hospital do Câncer, onde pude perceber a dificuldade dos pacientes que vinham de outras cidades tratar-se em São Paulo, pois não tinham onde ficar. Diante disso, resolvi fundar a Casa Hope, para oferecer apoio biopsicossocial e educacional a crianças e adolescentes portadores de câncer, transplantados de medula óssea, fígado e rins, e a seus acompanhantes. Com essa atitude, conseguimos dar mais esperança, expectativa de vida para esses pacientes e seus familiares. Aprendemos que pequenas mudanças podem gerar grandes diferenças. Para ser feliz, basta acreditar, o jeito como você interpreta a vida influencia muito.

Acredito que não existem receitas rápidas para encontrar a felicidade, mas, sim, a convicção de que nascemos para sermos felizes. Vamos nos tratar bem, dar amor e ser amado, assim, ela surgirá em nossas vidas como um presente. Devemos ser determinados e condicionados à alegria, ao prazer de viver.

Sidney Oliveira, que sempre apoiou e apoia a Casa Hope, descobriu que a prática da Responsabilidade Social nos torna conscientes de que compromissos devem ir além de interesses financeiros e podem contribuir com a qualidade de vida e o bem-estar. Neste livro, o perfil do ser humano vem à frente do perfil do homem de negócios. Sidney mostra que viu sua trajetória de vida ser construída com muitas dificuldades, mas sempre encarou os desafios com humildade, determinação e nunca deixou de pensar no próximo.

Sinto-me honrada com o convite de prefaciar esta obra tão rica e que contribuirá para que os leitores vejam a vida com outros olhos. Os olhos da felicidade. Boa leitura!

Cláudia Bonfiglioli, fundadora e presidente da Casa Hope.

A Casa Hope é uma instituição 100% filantrópica que oferece apoio biopsicossocial e educacional a crianças e adolescentes portadores de câncer, transplantados de medula óssea, fígado e rins e a seus acompanhantes, de baixa renda, procedentes de todo o Brasil.

Fundada em 1996 por Cláudia Bonfiglioli e Patrícia Thompson, a entidade oferece, durante o período de tratamento, moradia, alimentação, transporte (para hospitais, aeroportos e rodoviárias), assistência social, medicamentos, assistência psicológica, vestuário, escolarização, terapia ocupacional, cursos de capacitação profissional, recreação dirigida, passeios culturais e festas comemorativas.

Dessa forma, a Casa Hope contribui para o aumento das reais chances de cura de muitas crianças e adolescentes que aqui são cuidados, nessa fase tão difícil, com carinho, respeito e dignidade.

Casa HOPE
APOIO À CRIANÇA COM CÂNCER

Introdução

Adquirimos alguns hábitos durante a vida que garantem nossa sobrevivência e nossa saúde, tais como nos alimentar, tomar banho, limpar o ambiente em que moramos e trabalhar.

Mas poucos de nós lembram-se de cultivar hábitos que assegurem mais tranquilidade, paz interior, felicidade e a tão esperada sensação de realização pessoal. Sim, eu sei, o tempo passa depressa demais e, em geral, não temos nem um minuto a perder com o que não é urgente ou realmente necessário.

Entretanto, é por causa dessa pressa desenfreada, desses julgamentos parciais e dessas ideias limitadas que temos adoecido tanto. É por isso que medicamentos contra depressão, ansiedade, estresse e insônia têm sido campeões de vendas.

Talvez você pense que eu não seja a pessoa mais indicada para tentar fazer algo a fim de que esses medicamentos não sejam tão necessários. Se é isso que você pensa, está enganado.

Sonho com um tempo em que os medicamentos sirvam muito mais para aliviar dores e sofrimentos decorrentes do desgaste natural do corpo do que para aliviar o desespero de tantas almas, de tantos corações.

Sonho com o dia em que estejamos mais bem preparados para cuidar de nossos relacionamentos, de nossas amizades, de nossos filhos e familiares de modo mais amoroso e entregue; em que a vida será preenchida com mais alegria do que com doenças e problemas.

Este livro é resultado desse desejo: desejo de que você se olhe, se ame e se cuide. Desejo de que você dê mais importância a quem você tem do que ao que você tem. Desejo de que você compreenda que a escolha é sua e que as ações que contam também são as suas.

Ser feliz e saudável tem mais a ver com o que vai dentro de você do que com o que acontece fora. É o modo como você lê e como você interpreta a vida que fazem que seu corpo funcione melhor ou pior. E eu quero muito que funcione melhor.

Que cada capítulo deste livro seja para você como uma vitamina, uma cura, um alívio. E que você chegue à última página bem mais convicto do que quer e do quanto pode. Porque, a partir daí, é só viver um dia de cada vez, dando o seu melhor, que a vida vai ser bem diferente, com muito mais sentido!

Tudo de bom, com muito carinho,

Sidney Oliveira®

1

Uma **oração** pra começar **o dia!**

Concedei-nos, Senhor, serenidade necessária, para aceitar as coisas que não podemos modificar, coragem para modificar aquelas que podemos e sabedoria para distinguir umas das outras.

Reihold Niebuhr

No que você pensa, geralmente, assim que acorda? Qual costuma ser o seu primeiro pensamento do dia? Já reparou nisso alguma vez? Já pensou em melhorar a qualidade dos seus primeiros pensamentos?

Na verdade, aquilo em que pensamos logo que acordamos terá a ver com o ritmo e a direção daquele dia. Se você costuma acordar sempre voltado para os problemas, pensando em como sua vida está difícil, certamente já vai levantar da cama tenso, mal-humorado e com uma sensação pesada, como se estivesse carregando um fardo o tempo todo.

A verdade é que a maioria de nós, muitas vezes, fica tão consumida pela rotina do dia a dia, pelas cobranças profissionais, econômicas e até familiares que simplesmente se esquece de alimentar sua melhor parte!

Costumamos repetir, o tempo todo, que não existe ninguém perfeito, que nós mesmos não somos perfeitos. É verdade que não somos. Mas isso não significa que só temos coisas ruins em nós. Claro que não! Penso que temos um lado bom e um lado mau, e que fica maior e mais forte o lado que mais nutrimos, de que mais cuidamos. Toda vez que focamos os problemas e as coisas ruins que nos acontecem, estamos fortalecendo o nosso lado mau. Em contrapartida, todas as vezes que focamos o que nos acontece de bom, e agimos com amor, paciência e cordialidade, fortalecemos nosso lado bom!

E pela manhã, ou logo que acordamos, é como se fizéssemos uma programação inicial para aquele dia. O que você tem programado para os seus dias? Já pensou em abrir os olhos e agradecer? Já pensou em abrir os olhos e sorrir? Já pensou em abrir os olhos e dizer para si mesmo algumas palavras positivas?

Se fizer isso, estará aproveitando a chance preciosa de conectar-se com o que tem de melhor dentro de você: paciência, sabedoria, serenidade, coragem, capacidade de perdoar, de ouvir e de compreender.

Tudo isso ficou muito mais fácil só porque você tomou a decisão de tornar um hábito a atitude de dedicar alguns minutos, preciosos instantes, para fechar os olhos, logo quando acorda, para silenciar a mente e focar corpo, pensamento e coração numa instância superior.

Isso é orar. Isso é conectar-se com a sabedoria universal, da criação e do amor que está no ar. Se você fizer isso todos os dias ou, ao menos, durante duas ou três semanas consecutivas, verá que pode gerar em si sentimentos extremamente valiosos e reconfortantes.

A vida já nos é, em alguns momentos, pesada demais para dispensarmos a oportunidade de aproveitar tão maravilhosos presentes como esse tipo de oração. Conecte-se com o seu melhor e mude o seu dia, mude o seu mundo!

2

A que **você** está se **agarrando?**

A pessoa que não arrisca nada não faz nada, não tem nada e não é nada. Pode evitar o sofrimento e o pesar, mas não pode aprender, sentir, mudar, crescer, viver ou amar. Só a pessoa que arrisca é livre.

Leo Buscaglia

Já reparou que, quando as coisas parecem empacadas, quando você fica com a sensação de que nada está dando certo, é porque, em geral, você está preso a um conceito ou a uma ideia pronta do que é sucesso ou felicidade ou, até, simplesmente, do que é fazer dar certo?

Sim, temos muitas ideias preconcebidas sobre a vida e, por isso, tantas vezes usamos adjetivos absolutos para julgar os outros e nós mesmos, nosso desempenho e nossa competência. Acreditamos que somos bons nisso e ruins naquilo, que nos demos bem nesta situação, mas nos demos mal em outra.

A questão é: comparado a quê? A quem? Onde está a medida certa e a medida errada? No final das contas, podemos perceber, com as experiências que vivemos, que passamos muito tempo agarrados não a asas, mas a âncoras; não a possibilidades, mas a regras que não nos servem exatamente, que precisam ser ajustadas à nossa essência.

Precisamos aprender que a única referência que pode nos guiar para algum lugar que realmente vale a pena é a interna. Ou seja, nós mesmos somos nossa referência. Se queremos ser melhores, temos de ser melhores do que fomos ontem. A comparação é consigo mesmo, sempre!

Outro ângulo bastante válido é aquele que nos faz perceber que, na verdade, não somos isso ou aquilo. Nós apenas estamos assim ou assado neste momento. Tudo pode mudar. E, em vez de nos desesperarmos com as mudanças ou de acharmos que elas representam perigos, que tal encararmos essa inconstância como uma bênção, uma oportunidade incrível de reescrevermos nossa vida no momento que assim desejarmos?

Não se trata de sermos vulgares ou instáveis. Trata-se de sabermos que nada é para sempre e que, a todo tempo, é possível reinventar-se, ganhar novos contornos e imprimir novos rumos para nosso destino. Claro, dá trabalho, mas essa chance enche-nos de possibilidades e nos dá a certeza de que não precisamos continuar sendo o que não queremos mais ser.

Que tal ousar mais e soltar-se, jogar-se, arriscar-se? Que tal ser mais você e preocupar-se menos em encaixar-se, em adequar-se ao todo? Pare de ter tanto medo de deixar a vida rolar, de deixar acontecer e tenha um pouco mais de fé! Além de saúde, você certamente ganhará mais prazer e mais satisfação em ser!

3

A **decisão** é sempre **sua**!

Mesmo quando tudo parece desabar, cabe a mim decidir entre rir ou chorar, ir ou ficar, desistir ou lutar; porque descobri, no caminho incerto da vida, que o mais importante é decidir.

Cora Coralina

Muitas pessoas passam grande parte de suas vidas sem tomar decisões. Preferem não arriscar. Têm a impressão de que não tentar é melhor do que tentar e correr o risco de errar. Não têm coragem de enfrentar receios e dúvidas, comuns a todo ser humano.

Triste engano, pois, enquanto não decidem, apenas adiam a vida de verdade. Perdem a chance de experimentar as melhores sensações! Negam-se a usufruir do maior presente que receberam – a chance de existir, ocupar seu lugar e fazer a diferença!

Gente, decidir é um risco mesmo! Pode ser que dê errado! Mas pode ser que dê certo! E mesmo quando dá errado, faz parte da sua história, do seu aprendizado, do seu crescimento, do processo de tornar-se você mesmo.

E quem disse que os erros não servem para nada? Eles são, na verdade, fundamentais para o nosso amadurecimento. Podem nos render aprendizados impagáveis e, além disso, costumam reservar, ao final, acontecimentos que nem imaginávamos ser possíveis.

É muito sábio o dito popular que anuncia o sol após

uma forte tempestade. Assim também acontece na nossa vida. Depois das dificuldades, vivemos momentos de alegria e paz.

Feliz é aquele que consegue perceber que sempre somos maiores que nossos medos e sempre somos capazes de superar as dificuldades. O ritmo do Universo garante-nos que a vida continua apesar de tudo o que julgamos como "errado" ou "ruim". Tudo faz parte do modo como avaliamos cada circunstância.

Quanto mais conseguirmos olhar para os acontecimentos como chances, convites e portas abertas para o novo, para o melhor, menos sofreremos, menos lutaremos contra o que é e contra o que está ao nosso redor.

Por isso, não perca mais tempo. Não desperdice mais vida. Ainda que esteja com medo, vá em frente. Claro, calcule os erros mais óbvios, calce-se de um mínimo de segurança, mas não deixe de viver só porque pode estar tomando a decisão errada. Sempre há chance de, a partir de agora, tomar a certa!

4

Honre **pai e mãe**. Honre **sua família**.

A verdadeira felicidade está na própria casa, entre as alegrias da família.
Léon Tolstoi

O quarto mandamento de Deus é este: "Honrar pai e mãe". É interessante como enxergamos e interpretamos essas duas figuras tão importantes e tão simbólicas em nossa vida.

Primeiro, quando somos crianças, acreditamos que eles são perfeitos, incríveis, praticamente super-heróis. Depositamos sobre eles toda a nossa razão de viver e temos quase certeza de que morreríamos se não fossem os cuidados e o amor que eles nos dedicam. Tudo o que queremos é ser iguais a eles.

Mas crescemos e tornamo-nos adolescentes. Queremos conquistar o mundo e fazer diferente, deixar a nossa marca. Daí, eles parecem-nos ultrapassados. De repente, é como se eles não soubessem mais nada. Queremos ser diferentes deles.

Felizmente, crescemos mais ainda. E especialmente quando temos nossos próprios filhos, ganhamos uma dimensão até então desconhecida. De alguma forma, somos como eles, mas, ao mesmo tempo, continuamos querendo não ser. Um misto de admiração e reconhecimento da humanidade deles.

Penso que, neste momento, na busca de quem somos e do que desejamos ser, é que descobrimos a dimensão, a profundidade e a grandeza desse amor.

Pai e mãe, sejam esses papéis representados por quem for, são figuras às quais devemos, sim, toda a nossa honra e todo o nosso respeito porque, certamente, fizeram tudo o que conseguiram, da forma mais perfeita que souberam.

Além disso, não há como negar: eles são as nossas raízes, de onde viemos. Trazemos no sangue e na alma a marca de quem eles foram, do que viveram e do fizeram. E essa é uma das poucas situações que não podemos mudar. Talvez essa impossibilidade exista justamente para que comecemos a ganhar noção do quanto pai e mãe devem ser considerados e amados.

Conheço pessoas que, por conta de atitudes que seus pais tiveram e elas não aprovaram, simplesmente se esquecem de que eles existem. Ignoram, não falam com eles, não demonstram afeto, não oferecem ajuda – mesmo quando eles mais precisam.

Não compreendo como essas pessoas não percebem o mal que estão acumulando para si mesmas. Negar pai e mãe é negar a própria história. Por isso, procuro sempre olhar para trás e agradecer ao que meus pais, meus avós e meus bisavós fizeram ao longo desses séculos que nos trouxeram até aqui.

Sem eles, muito pouco teria evoluído. Eles são parte importantíssima de tudo o que posso desfrutar hoje, seja no que tange ao conforto material, ou à evolução tecnológica e da medicina, seja no que posso crescer espiritualmente.

Devo ao homem que chamo de pai e à mulher que chamo de mãe toda a minha gratidão, o meu respeito e a minha honra. Pois vim deles e foi por causa deles que cheguei até aqui.

5

Aproveite a vida com **prazer**!

Estar cheio de vida é respirar profundamente, mover-se livremente e sentir com intensidade.

Alexander Lowen

Cada um tem seus motivos, mas sempre acho estranho esse tipo de gente que parece gostar de sofrer! Falando assim, parece piada, mas não é! Preste atenção! Você mesmo já deve ter conhecido alguém que vai sempre pelo caminho mais difícil e mais doloroso...

É como se adotassem a seguinte regra: para que facilitar se a gente pode dificultar? E, assim, estão sempre sofrendo, reclamando, desistindo do que é bom, preferindo a solidão, a tristeza e a dor.

Imagino que não façam isso conscientemente. Imagino até que esse comportamento tenha sido aprendido, afinal, somos o que somos porque assim aprendemos a ser desde que nascemos, influenciados por todos aqueles que fizeram parte da construção de nossa história até este momento.

Mas o fato é que é possível mudar. É possível aproveitar a vida com mais prazer, sentir-se bem, deixar-se ser bem-tratado e amado. É possível, felizmente.

Talvez essas pessoas tenham de procurar ajuda, e se você é um caso assim, sugiro que você decida por mudar o quanto antes, porque a vida pode ser uma grande festa, mas você precisa estar disposto a dançar, a sorrir e a aproveitar!

É preciso ter coragem para ser um você mais inteiro. E ser inteiro não é algo definitivo, que se sabe agora e para sempre será assim. Ser inteiro é estar conectado com seus desejos, sonhos, planos e pensamentos o tempo todo. É ouvir-se, ver-se e refazer-se.

É por isso que a vida nunca está pronta, acabada. Estamos sempre em obras, revendo nossos cantos e encantos. E isso só pode dar certo se fizermos as pazes com o prazer. Crescer até tem a ver com dor, algumas vezes, mas jamais será possível de verdade se não houver prazer, reconhecimento da incrível oportunidade de ser novo a cada dia.

6

Caminhar, além de tudo, **acalma**.

Caminhar com bom tempo, numa terra bonita, sem pressa, e ter por fim da caminhada um objetivo agradável: eis, de todas as maneiras de viver, aquela que mais me agrada.
Jean Jacques Rousseau

Já deve ter acontecido com você de estar nervoso ou irritado com alguém ou com uma situação e um colega recomendar: "Vá dar uma volta que acalma". Sim, é incrível como caminhar acalma, ajuda a recolocar as ideias no lugar, especialmente quando a gente dá um passo após o outro com essa intenção.

Caminhar dá-nos uma dimensão mais real do tempo da vida e dos acontecimentos. Dizem que percorrer um longo caminho só é possível quando nos dispomos a dar o primeiro passo. Claro, depois deste, deve vir outro e outro e mais outro. Mas note que cada passo é essencial na construção da jornada.

Uma caminhada nada mais é que a somatória de muitos passos. O problema é que, geralmente, não conseguimos perceber a unidade. Ficamos presos à ideia do todo, à expectativa da chegada, do final da estrada. Assim, desperdiçamos a maravilhosa chance de desfrutar um passo de cada vez. É aí, na importância que cada um dá a cada passo, que mora a verdadeira satisfação da realização.

O melhor de tudo é que existe ainda outro aspecto positivo dessa prática, agora literalmente falando. Caminhar com regularidade, três vezes por semana, por pelo menos 40 minutos, faz um bem enorme ao coração, à saúde, mantém o peso ou ajuda a perder o excesso.

Vale citar que recentes pesquisas apontaram o hábito de caminhar como método preventivo para o câncer de mama, o estresse, a diabetes, a pressão alta e a insônia. E se não bastasse, retarda o envelhecimento, alimenta a sensação de bem-estar e felicidade, e protege os ossos contra o desgaste que causa a osteoporose. Caminhar é tudo de bom!

Por isso, não perca mais tempo. Agende um horário com seu médico ou com um cardiologista, faça um check-up completo para saber como anda sua resistência física e o funcionamento do seu coração e, depois de verificar quais são suas condições, mãos à obra. Ou melhor, pé na estrada!

Reserve um espacinho diário na sua agenda para reorganizar pensamentos, sentimentos e até sua espiritualidade. Lembre-se de que esse tempo também deverá servir para você investir na manutenção de sua saúde, de seu ânimo e da tonicidade de seus músculos, pele e organismo como um todo.

Se conseguir alinhar a caminhada com uma boa música, uma narração relaxante e, assim, entrar em sintonia com sua fé, então, verá milagres acontecendo em suas relações e em sua vida. Boa caminhada! Quem sabe nos encontramos por aí?

7

Depois de uma longa **noite**, o **sol** sempre **nasce**.

A alegria está na luta, na tentativa, no sofrimento envolvido. Não na vitória propriamente dita.
Mahatma Gandhi

São muito comuns as afirmações que nos avisam sobre o fato de que, depois de uma fase ruim, sempre vem algo bom. Dizem, por exemplo, que após a tempestade, sempre vem a bonança. Ou que, depois do escuro da noite, sempre vem o brilho e a luz do sol. Ou, ainda, que depois do inverno, sempre vem a primavera. Ou seja, o frio e a escuridão podem mesmo ser condições fundamentais para que saibamos apreciar o calor, as flores, a alegria dos pássaros e o prazer que a vida nos reserva.

A questão é que, quando estamos vivendo um período difícil, uma crise, seja ela financeira, emocional, profissional ou espiritual, esse tipo de lembrete parece não ajudar muito. Queremos o prazer agora. Não gostamos de esperar. Não aceitamos a dor porque a compreendemos como castigo, como se fosse algum sinal de que erramos.

Pode até haver mesmo grandes aprendizados na dor e na escuridão, mas isso não tem a ver necessariamente com erros ou castigos. Tem a ver com a dinâmica da vida, com o fato de sermos humanos, imperfeitos, em evolução.

Sendo assim, a escuridão também é boa. A dor também

é importante. Tudo isso faz parte do pacote chamado "Felicidade". Precisamos aprender a aceitar as dificuldades como chances, como oportunidades para uma compreensão melhor da alegria e do prazer.

Além disso, se analisarmos atentamente, essa sequência (depois da dor, sempre vem a alegria) é, sim, uma grande vantagem e uma aliada da esperança, da força necessária para seguir adiante, mesmo quando não temos a menor noção do que vem a seguir!

Ou seja, no momento do desespero, o aviso de que esta fase vai passar pode até não mudar a situação ou não apaziguar nossa dor, nosso medo ou nossa confusão, entretanto, se acreditarmos e apostarmos que amanhã poderá ser mesmo um novo dia, uma nova chance, nosso ânimo se renova.

E é no momento em que a esperança encontra uma brecha dentro de um coração que sofre que tudo começa a melhorar. É quando faz sentido a ideia de que existe um aprendizado incrível nas dificuldades.

Seja qual for a sua dor, confie que dias melhores virão. Simplesmente porque eles virão mesmo, de um jeito ou de outro. Mas não se esqueça de fazer a sua parte, de continuar vivendo, até que a luz no fim do túnel apareça e ilumine toda a sua vida, mostrando que a sua história é única e tem uma razão de ser.

8

Importa mais o que **você faz**.

É num momento de decisão que seu destino muda para sempre.

Anthony Robbins

Muitas vezes, ficamos presos às regras sociais ou até mesmo engessados em crenças, sejam religiosas ou aquelas que aprendemos desde bem pequenos, com nossos pais, avós e professores.

No entanto, quando não reservamos algum tempo para uma autoavaliação, para uma revisão dessas crenças e também para considerar as críticas que as pessoas nos fazem, especialmente aquelas com quem mais convivemos, corremos o risco de errar repetidamente sem sequer percebermos.

O que estou dizendo é que existem algumas teorias realmente maravilhosas, e que podemos mesmo aprender com as pessoas, mas nada disso fará sentido se não colocarmos coração e personalidade no que fazemos. Nem as religiões, nem a fé teórica podem ser sãs ou construtivas se servirem para destruição, violência e morte.

Mais do que repetir palavras ou sustentar certezas, acredito que devemos olhar para nós mesmos e reavaliar o que temos feito e com qual sentimento, com qual intenção, com qual resultado.

Só conseguiremos sentir a verdadeira razão de nossa

existência quando entrarmos em sintonia com o que realmente sentimos e pensamos sobre o mundo. E isso não pode estar cegamente vinculado aos nossos medos, às nossas raivas e às nossas revoltas pelo fato de nem tudo ser como gostaríamos que fosse.

Sentimentos como esse fazem parte de quem somos, claro. Não é preciso negá-lo ou rejeitá-lo, nem tampouco julgá-los como errados. Não existem sentimentos errados; o que pode ser um grande erro é o que fazemos com cada um desses sentimentos.

Se os usamo-os para aprender mais sobre nós, sobre o outro e sobre o mundo, certamente vamos amadurecer e conseguir viver de forma mais leve e gostosa. Entretanto, se transformarmos sentimentos em armas, em razões para fazermos guerras, bem pouco conseguiremos progredir.

O que mais conta são nossas ações. O que fazemos revela nossa sabedoria ou nossa total cegueira para o que seja nossa história neste mundo. Por isso, concordo plenamente com Charles Chaplin, quando ele disse em seu discurso em "O Grande Ditador": "Pensamos em demasia e sentimos bem pouco. Mais do que de máquinas, precisamos de humanidade. Mais do que de inteligência, precisamos de afeição e doçura. Sem essas virtudes, a vida será de violência e tudo será perdido".

É disso que precisamos: mais ações que estejam em sintonia com nossos sentimentos e nossa doçura e não com nossos pensamentos confusos e cheios de medo.

9

Não perca **tempo** **reclamando**. Aja!

O pessimista vê dificuldade em cada oportunidade; o otimista vê oportunidade em cada dificuldade.

Winston Churchill

Parece que algumas pessoas nasceram para sofrer. Quando não têm um motivo real para estar se sentindo tristes, cansadas ou irritadas, dão um jeito e usam toda a sua criatividade para inventar um! A impressão que dá é que elas acordam focadas no que não está bom e no que elas julgam que esteja errado. Reclamam da vida, dos outros e até delas mesmas. Ou seja, desperdiçam tempo, silêncio e humor.

Se você anda se comportando assim, que tal ser mais prático e ir direto ao ponto? Há alguém te incomodando por algo que disse ou que tenha feito? Então, chame a pessoa para conversar e fale, conte a ela o que está sentindo, e se não der, se não tiver esse espaço, fique longe dela o quanto puder. Em último caso, aprenda algo, porque se está incomodando, é porque faz gancho com algo que é seu também!

Se tem um problema para resolver, então, monte uma estratégia, peça ajuda, faça um plano e mãos à obra. Pode demorar mais do que você gostaria, mas, enquanto não der o primeiro passo, não chegará a lugar nenhum. Reclamação não dá dinheiro, nem fama ou felicidade. Pelo contrário, dá rugas e doenças.

Cada vez mais as pessoas sentem-se tensas, irritadas, impacientes e ficam, literalmente, doentes por conta do excesso de reclamações, por conta de uma visão voltada para as dificuldades, para os problemas, como se neles não houvesse nada de bom, nenhuma lição, nenhum aprendizado.

Se nos lembrássemos de que cada dificuldade é um degrau na escada para o sucesso, talvez não nos sentíssemos tão inconformados com o que não acontece exatamente como gostaríamos ou como prevemos. O que é difícil torna-nos mais fortes, mais preparados, mais inteiros. Basta olharmos para dentro e não para fora. Basta usarmos os desafios como ferramentas que nos constroem, que nos tornam muito melhores do que antes.

Então, chega de reclamar e bote a vida para acontecer! Cada dia é uma nova chance!

10

Já **consultou** seu **mestre** hoje?

A vida é cheia de decisões difíceis.
Os vencedores são aqueles capazes de tomá-las.

Dan Brown

Todos nós somos donos de uma sabedoria interior, mas, infelizmente, a maioria das pessoas não sabe ou não acredita nesse fato. Outras até acreditam, mas não têm autoestima e segurança suficientes para confiar nessa voz, para dar ouvidos a ela. Titubeiam e perdem a chance de viver com mestria.

Assim, perdidos, terminam preferindo ouvir a opinião dos outros e agir conforme a verdade alheia. Perdem-se de seu caminho simplesmente porque não ouvem e não confiam em si mesmas.

Agora, repare! Pessoas que vivem em função de agradar aos outros chegam à beira da loucura. Sabe por quê? Porque "os outros" é um número muito grande. Agradar a quem? Para quê? E mesmo que não fosse agradar a mais de uma pessoa, ou seja, a uma só pessoa, de que adiantaria agradá-la e desagradar a si mesmo?

Bem, não é possível agradar aos outros e agradar a si ao mesmo tempo sem que você realmente se conheça e se respeite. Ceder e abrir mão de seus desejos pode até ser uma opção de vez em quando, mas é preciso que você esteja altamente consciente da escolha que está fazendo. Não dá para agradar ao outro acreditando que a vontade dele é a sua vontade. Nunca é, simplesmente porque somos diferentes. Mas dá, sim, para sentir-se muito satisfeito e feliz por poder fazer algo que deixe o outro satisfeito e feliz. Só que até isso tem de estar claro para você. Senão, vai virar cobrança, mais cedo ou mais tarde.

Para alcançar esse nível de autoconhecimento, para conseguir ouvir a voz do seu mestre interior, comece a silenciar a sua mente e a ouvir mais o que deseja e sente o seu coração. Comece a questionar-se sobre o que realmente quer fazer, sobre quais são seus verdadeiros valores, suas verdadeiras crenças.

Você já tem todas as respostas de que precisa para chegar até a mina de ouro que está dentro de você. Você já tem o mapa, já tem as diretrizes. Agora, só precisa fazer as perguntas corretas. Para isso, precisa saber quem você é, o que quer e aonde quer chegar.

Aposte mais no Mestre que mora dentro de você e terminará se deparando com o que pode haver de mais incrível em todo o Universo – o seu caminho, o seu jeito, o direito de ser você mesmo, exatamente assim, diferente de tudo e de todos. Faça as pazes com sua singularidade e pare de dizer que gostaria de ser assim ou assado. Você é o que tem de ser, como tem de ser.

E se deseja melhorar, então, parabéns! Mas que sua referência seja sempre você mesmo, o seu Mestre, o seu tesouro. Nada mais importa. Afinal de contas, embora possa aprender com outras pessoas, só você pode sentir, saber e fazer o que dá sentido à sua vida.

11

O **essencial** está dentro de **nós**.

"O Reino de Deus não vem de modo visível, nem se dirá: 'Aqui está ele' ou 'Lá está'; porque o Reino de Deus está no meio de vocês."

Lucas, 17:20-21

Costumamos atribuir nossas motivações, ou a falta delas, ao que acontece fora de nós, ao nosso redor, e que supomos que nos atinja. Claro que o ambiente em que vivemos exerce forte influência sobre o modo que pensamos, sentimos e agimos. Até cultural e regionalmente somos bastante influenciados. Porém, nada conta mais em nossa vida do que o modo como enxergamos e interpretamos os acontecimentos ao longo de nossa existência.

Um mesmo fato pode destruir uma pessoa, construir outra e, ainda, reconstruir uma terceira. O que muda não é o que está fora, e, sim, o que vai dentro de cada pessoa, a maneira como cada uma usou o fato em sua história. E essa maneira é sustentada por vários pilares, tais como nossas crenças, nossa família, nossos antepassados, os exemplos que tivemos ao longo da vida, quem foram nossos modelos, enfim, com quem aprendemos.

Penso ser de extrema importância, especialmente para quem deseja promover evoluções significativas em sua vida, refletir sobre quais são suas crenças. Mas, o que é crença? Crença é tudo em que acreditamos. É tudo o que adotamos como verdadeiro para nós, lembrando que o que é verdadeiro para mim não é verdadeiro para muitas outras pessoas. Ou seja, crenças são pessoais e têm a ver com o modo como nos constituímos no mundo.

Eu tenho várias crenças sobre sucesso, trabalho, dedicação, disciplina, persistência e, principalmente, sobre como superar as dificuldades que as diferentes fases da vida nos manda. Penso ser exatamente por isso que cheguei até onde estou hoje.

Acredito nos desafios como chances. Olho os obstáculos e concluo que, se eles estão ali, diante de mim, é porque tenho condições de ultrapassá-los. Se sofro? Se sinto tristeza de vez em quando? Claro, como todo ser humano, mas não penso que isso seja motivo para desanimar ou para me sentir castigado pela vida. Penso que sou privilegiado por ter condições e ferramentas interiores para lidar com tudo isso.

Na verdade, esta é uma das minhas maiores crenças: a de que sempre temos as ferramentas necessárias, mesmo que para isso precisemos procurá-las, investigar mais nossa essência ou pedir ajuda nessa busca. É por essas e outras que acordo todas as manhãs com o intuito de fazer valer o Reino de Deus dentro de mim. E quando me dou conta de que agi com princípios éticos e respeito ao próximo, então, sei que por hoje fiz o que era necessário. É assim que renovo minha fé e minha felicidade.

12

Não tenha **tanta pressa**.

A ansiedade e o medo envenenam o corpo e o espírito.

George Bernard Shaw

Por que é mesmo que estamos, na maior parte do tempo, com tanta pressa? Já parou para pensar que exigir esse ritmo de nós mesmos é como se quiséssemos acelerar a vida?

Só para termos uma noção do estrago que essa escolha pode nos render, reflita sobre a seguinte metáfora: imagine a sua vida como um carro, um automóvel. Agora, imagine que você está parado num congestionamento (como a vida faz com a gente, muitas vezes, pedindo um pouco de paciência até que a hora certa de acontecer o que queremos chegue). Imagine que, mesmo parado, você continue pressionando o pedal do acelerador. O motor fica roncando a todo vapor, como se quisesse correr a 120 km por hora, mas o carro continua parado pela imposição das condições.

Assim somos nós, quando estamos ansiosos e com pressa. Sim, eu sei que as cobranças são muitas, que os prazos nos apertam e que os resultados são urgentes, na maioria das vezes. Sei mesmo. Comigo também acontece assim, muitas vezes. Porém, temos deixado que essa sensação de urgência se esparrame em todas as áreas e em todos os momentos de nossas vidas. Mesmo quando não temos prazos ou horários, não temos paciência, não queremos esperar. Parece que, quando a gente vive sem se dar conta, como se estivéssemos num tipo de piloto automático, temos pressa mesmo sem ter prazos. Temos urgência mesmo quando não temos compromissos agendados. Já reparou nisso? Com você também já aconteceu essa loucura? Ou será que só eu já me senti ansioso?

A questão é que percebi que o resultado desse descompasso entre o ritmo do Universo e nosso ritmo interno só nos causa sofrimento, angústia e doenças. Estresse, intolerância e discussões desnecessárias, além de gastrite, enxaqueca e outras desordens físicas e emocionais, vêm de "brinde", como aviso de que estamos descompassados, fora de ritmo, numa velocidade enganosa e nada produtiva.

Mas o pior de tudo é que perdemos a sensibilidade para o prazer. Prazer exige tempo, entrega ao momento presente, paz interior, concentração e presença que, quando verdadeira, não deixa espaço para a pressa.

Eu, definitivamente, não quero mais esse diagnóstico para a minha vida. E você? Que tal vivermos a vida como autores dela? Afinal, é o que somos. Ou deveríamos ser. Eu quero ser o autor da minha história! Espero que você também queira! Vamos, juntos, desacelerar e entrar em sintonia com o ritmo de nossa respiração e de nosso coração?

13

O **universo** é **abundante**.

A abundância não é algo que adquirimos.
É algo com que nos sintonizamos.
Wayne Dyer

Para quem nunca parou para pensar nisso, observe: o Universo é composto de bilhões de galáxias. A galáxia em que vivemos é composta de bilhões de estrelas. A estrela que aquece o nosso planeta é o Sol. Em torno dele, giram vários planetas. Na Terra, que é um desses planetas, vivem milhões de espécies vivas e nós, seres humanos, somos bilhões de indivíduos que representam uma única espécie dentre essas citadas.

Sendo assim, você pode começar a considerar-se um ser único e exclusivo, diferente de todos os outros sete bilhões de seres da mesma espécie que a sua. Quer mais abundância do que isso? Imagine a grandeza de Deus! Será que cabe nesta dimensão alguma miséria, alguma falta, alguma mesquinharia? Não! Com certeza, não! Há vida, espaço, luz e tudo o que é necessário para todos. E se alguém vive sem, isso nada tem a ver com escassez do Universo!

Acredito cada vez mais que qualquer miséria que existe fora de nós começa, antes, dentro de cada um, dentro do homem, dentro da humanidade. É por causa de nossa ganância e da interpretação equivocada que fazemos sobre ser e ter que terminamos acumulando aquilo de que não precisamos na tentativa de sentirmos o que mais desejamos: amor. Na tentativa de sermos amados.

De verdade, não acho que ser rico e ser pobre tenha algo a ver com ser mau ou ser bom. Ser bem-sucedido financeiramente não tem a ver com caráter. O que revela nosso caráter ou o quanto somos pessoas íntegras e honestas tem a ver com a forma como conseguimos o que temos e, sobretudo, com o modo como usufruímos essas conquistas. Se dermos às coisas mais importância do que damos às pessoas, aí, sim, essas posses estarão representando o quão pobres e pequenos somos, o quanto a maldade está agindo em nós e nós, no mundo.

Quando me perguntam sobre minha vida abundante e sobre meu sucesso financeiro, sempre sugiro que não olhem para o que tenho, mas para o homem que sou, pois é isso que determina a diferença que faço neste planeta. E, mais do que isso, sugiro que as pessoas parem de rotular, de associar pobreza com bondade e riqueza com maldade.

Penso que se Deus é abundante, por que nós, seus filhos, não seríamos? Se Deus fez para nós um Universo tão rico, por que desejaria que nós, seus filhos, fôssemos pobres e passássemos por necessidades e privações?

O que eu diria para qualquer pessoa que amo e respeito é: pare de aceitar pouco do mundo. Vá à luta pelo que é seu. Não se trata simplesmente de riqueza material, mas de saber que você tem o seu lugar garantido e pode, ou melhor, deve ser você mesmo para que todo esse maravilhoso plano de Deus esteja completo!

14

Não **subjugue** os avisos **divinos**.

Qualquer um pode contar as sementes em uma maçã, mas só Deus pode contar o número de maçãs em uma semente.

Robert H. Schuller.

Quando alguém lhe contar sobre algo terrível que lhe aconteceu, absolutamente surpreso, como se tivesse sido pego totalmente desprevenido, basta investigar: é certo que este alguém estava distraído.

Nenhum acidente acontece sem que, antes, sinais tenham sido enviados. O Universo é perfeito. Deus sempre nos avisa. O problema é que, na maioria das vezes, estamos tão ocupados com o que não tem tanta importância quanto acreditamos que tenha, que nem notamos tais avisos.

Ou pior, muitas vezes, estamos tão cheios de orgulho e arrogância que, simplesmente, debochamos dos avisos. Não os consideramos. Terminamos nos julgando muito mais fortes do que a engrenagem que move a justiça do mundo. Sim, somos mesmo bastante fortes, mas não somos capazes de ver tudo. E é por isso que a fé nos dá uma capacidade de enxergar além de nossos olhos. Que nos possibilita ver com a alma, ouvir com o coração.

Mas quando não temos fé na vida, quando não valorizamos os sinais que o Criador nos envia, as coisas começam a dar errado e achamos que é falta de sorte ou que somos vítimas da maldade do mundo. A situação piora, e acreditamos que é só uma fase ruim, até que uma tragédia acontece e, enfim, nos lembramos de que somos pequenos demais diante da sabedoria que rege.

Somente quando acordamos e quando conseguimos nos manter atentos é que percebemos em que aspectos podemos melhorar, o que está solicitando nossa compaixão e, assim, descobrimos de que forma podemos ser melhores para que o que acontece ao nosso redor esteja mais em sintonia com nossos planos e sonhos.

Sugiro que, a partir de hoje, você valorize os avisos como provas de que Deus é justo e de que temos como participar do que nos acontece, seja nos defendendo, seja nos mantendo abertos para receber as oportunidades. Porque é somente quando você consegue fazer essa conexão entre o que acontece fora de você e o que acontece dentro é que começará a perceber, com facilidade, os avisos que sempre vêm.

Gosto muito de pensar que não estou no mundo. Eu sou o mundo. Essa crença tem me feito apostar que posso fazer muito mais do que fiz e entrar em sintonia com todo o Universo.

15

Otimismo é vitamina para **os anêmicos**.

O otimismo é a fé em ação. Nada se pode levar a efeito sem otimismo.

Helen Keller

Se considerarmos que nem só de pão vive o homem, devemos considerar também que anemia não significa somente falta de alimentos ou alimentação inadequada. Anemia tem a ver com falta de nutrientes de todas as espécies. E quando essa anemia é emocional, a questão é: o que está faltando? Qual emoção você não está usando, não está expressando?

Ter bons pensamentos, acreditar que é possível superar os problemas e as dificuldades e cultivar a alegria diariamente são maneiras muito eficientes de manter-se forte, saudável e equilibrado. Ou, ainda, de acabar com a anemia!

Da mesma forma, ficar se lamentando e repetindo reclamações que não ajudam em nada, sem nunca começar a agir em direção ao resultado que você deseja, também é um modo muito eficiente de aumentar cada vez mais essa anemia, de torná-la cada vez mais difícil e dolorosa de ser curada.

Olhe para o que já existe de bom em sua vida, sem comparações nem expectativas fora da realidade. Apenas olhe para o que já está aí. Seja generoso consigo mesmo. Permita-se enxergar os detalhes, o que é aparentemente pequeno, aqueles privilégios que temos à nossa disposição diariamente, mas que só valorizamos quando perdemos: saúde, capacidade de andar, ver, ouvir. Enfim, se você não tem todos esses, é certo que tem alguns, e esses poucos já são fundamentais, pode apostar. Se perdê-los, vai sentir falta e vai valorizar, não é?

Depois de conseguir ser grato pelo que já tem, que tal começar a investir no que quer melhorar, no que deseja conquistar, no que pretende ter e ser e que ainda não tem ou não é? O que precisa aprender de novo? Quais técnicas e recursos precisa desenvolver? Quem pode ajudá-lo? Quais livros? Quais cursos? Quais crenças? Quais mudanças internas?

Pare de acreditar que as pessoas otimistas e fortes nasceram com algum dispositivo que você não tem. Nascemos com capacidades bastante semelhantes. As diferenças significativas surgem depois, com o ambiente em que vivemos, com a cultura e com o tipo de criação que recebemos. E, sobretudo, com as crenças e a fé com que nos permitimos viver.

Se você tende a enxergar a vida como um enorme problema a ser resolvido, certamente aparecerão dificuldades e desafios o tempo todo. Afinal, é nisso que você acredita e é nisso que você investe toda a sua energia. Mas se, por outro lado, você acredita que a vida é uma festa e que os obstáculos fazem parte da brincadeira, fazem parte do prazer que você pode sentir depois de superá-los, então, pode apostar: tudo parecerá mais leve e menos doloroso.

É com a capacidade de otimizar e agradecer que se faz o sucesso e a satisfação pessoal. Ouse e se tornará mais forte do que imagina, acabando com qualquer anemia ao seu redor.

16

Sonhe e trabalhe. Eis o **segredo!**

A melhor maneira de tornar seus sonhos realidade é por meio de seu trabalho.

Walt Disney

Conheci algumas pessoas que acreditavam, baseadas em 'não-sei-o-quê', que sucesso, realização e alcance de objetivos têm a ver com sorte! Acredite, não tem, posso lhes garantir!

Para chegar aonde você deseja, realizar seus sonhos e ser quem você quer ser de verdade, só tem um segredo, um caminho: trabalho aliado a muita dedicação, honestidade, conhecimento e competência. Trabalho diário, focado e consistente!

Pode ser trabalho braçal ou trabalho mental. De todo modo, sempre é possível ser criativo e proativo, mas tem de ser com vontade, sabendo aonde se quer chegar.

Fácil? Não muito e nem sempre, já que tudo isso requer tempo, compromisso e vontade. Sim, requer oportunidade também, eu sei, mas quando a gente realmente tem um motivo, quando a gente realmente sabe o que e por que está fazendo, está trabalhando e se dedicando, termina sempre encontrando força, ajuda, formas e ânimo.

O problema é que a maioria das pessoas alimenta ideias erradas sobre o trabalho. Acha que só precisa fazer o que é paga para fazer. Aposta que basta 'obedecer' e cumprir o que lhe pedem. Mas existe, no mercado de trabalho, um mundo subliminar, um pedido feito nas entrelinhas e cobrado em silêncio. Trata-se do que chamamos de diferencial. Qual é o seu, enquanto profissional?

Saiba que, cada vez mais, não só o conhecimento e a habilidade técnica contam para que um profissional se mantenha em seu cargo e numa empresa. O comportamento de cada um é considerado, muitas vezes, até mais importante e valioso do que sua técnica. Isso porque é bem mais fácil, para uma empresa, investir em cursos para capacitação técnica do que convencer alguém a ser mais educado, mais gentil, trabalhar mais em equipe, saber reconhecer o trabalho de seus subordinados, saber liderar com equilíbrio e inteligência. Ou seja, quesitos como cordialidade e disponibilidade fazem uma enorme diferença na valorização do trabalho. Nenhuma empresa quer perder uma pessoa que combina, de modo simpático e bem dosado, qualidades como essas.

E é para isso que existem os livros, as palestras, os cursos, os mestres, os amigos e, sobretudo, as decisões da alma e a fé: tudo é como tem de ser, e tudo termina bem quando estamos dispostos a fazer a nossa parte!

Meu segredo para você é: arregace as mangas, lance mão de todos os seus talentos, desenvolva novas habilidades e dê ao mundo o melhor que existe dentro de você. Agindo assim, pode apostar que o mundo lhe retribuirá... e certamente ouvirá muitos dizendo que você é uma pessoa de muita sorte.

Quando isso acontecer, apenas sorria e agradeça ao Universo por estar em sintonia com o que deseja e realizando os seus sonhos!

17

Não seja um **exemplo**, mas uma **inspiração**...

A grandeza de um homem não está na riqueza que ele adquire, mas em sua integridade e habilidade de afetar positivamente as pessoas ao seu redor.

Bob Marley

Algumas pessoas me consideram um exemplo, mas esse título sempre me incomodou um pouco. Penso que cada pessoa é tão singular que ninguém pode ser exemplo de ninguém. A minha verdade é só minha e o meu caminho também é único.

Se alguém me seguir, certamente vai se frustrar, porque não é o caminho que o levará a ele mesmo, mas a mim... e chegar a mim só importa a mim mesmo e a mais ninguém!

Portanto, prefiro pensar naqueles a que admiro não como exemplos, mas como inspirações. Pessoas que, ao decidirem buscar a si mesmas, encontraram-se e mudaram o mundo! Pessoas que fizeram o que tinha de ser feito, com amor, trabalho e responsabilidade e, por isso, fizeram a diferença!

Estamos aqui para inspirar uns aos outros, seja com simples gestos ou com grandes atitudes. Não importa o tamanho ou o alcance, mas o quanto cada movimento seu é capaz de tocar o coração de alguém. Mas atitudes capazes de inspirar alguém são somente aquelas que estão em consonância com nossa essência.

É por isso que investir no autoconhecimento é tão fundamental. Tenho descoberto, dia após dia, que posso saber mais de mim quando paro de acreditar que minha vida é resultado do que as pessoas fazem para mim e por mim ou, até, contra mim. Tudo isso são ilusões nas quais a minha mente prefere acreditar só para parecer que não tenho nada a ver com isso, que sou apenas uma vítima.

Cada dia com mais convicção, tenho me dado conta de que tudo o que sou é resultado não só do que eu faço, mas do modo como eu reajo aos acontecimentos da vida. E mais do que isso: é resultado da maneira com que eu compreendo o que a vida quer de mim. Se ela está exigindo mais, é simplesmente porque eu posso mais. E quanto maior for a minha aceitação e a fluidez com que eu me entrego para a vida, mais ela se torna suave e prazerosa.

Acredito piamente que é sendo assim que eu consigo inspirar aqueles que estão me observando. É o que quero conseguir a cada novo dia que ganho da vida – estar em sintonia comigo mesmo!

18

Julgar é mais fácil do que **deveria**.

Pouco importa o julgamento dos outros. Os seres são tão contraditórios que é impossível atender às suas demandas, satisfazê-los. Tenha em mente simplesmente ser autêntico e verdadeiro.

Dalai Lama

Dependendo da fase que estamos vivendo, é bem difícil saber o que fazer, quando fazer e como fazer... Ou será que somente eu me sinto, às vezes, perdido e confuso, procurando respostas ou saídas para os problemas?

Não sei, mas me parece que as certezas raramente existem. Cada um tem a sua história, a sua verdade, as suas crenças. No entanto, ainda assim, ainda que todos nós passemos por momentos de insegurança e medo, continuamos julgando uns aos outros.

Não estamos convencidos de que o que é bom para alguns pode não ser para outros, mas somos incentivados, desde muito cedo, a avaliar o que acontece ao nosso redor. Se fosse só uma questão de avaliação para nortear nossas escolhas e decisões, tudo bem. O problema é que colamos rótulos em tudo e, em geral, escorregamos para os extremos.

Ou é feio ou é bonito. Ou é bom ou é mau. Ou é certo ou é errado. Ou é muito ou é pouco. Ou é agradável ou desagradável, e assim por diante. Diminuímos absurdamente nossas possibilidades quando tentamos encaixar as pessoas e as situações a partir de um único adjetivo. Como se tudo se resumisse a isso.

É fácil afirmar que o outro está errado... É fácil criticar as decisões alheias. Mas é difícil retomar o nosso próprio caminho, voltar-se para a nossa própria vida, dar conta de nossas próprias questões. É difícil aceitar que somos, essencialmente, todos diferentes. Isso significa que não existem conceitos mais engessados e limitados do que os que mais usamos.

Pior ainda quando julgamos todos como menos certos que nós, como se fôssemos donos de uma sabedoria superior a de todas as outras pessoas, como se soubéssemos de verdades que eles não sabem.

Considerar-se sempre certo é desperdiçar todas as chances de aprender com o novo. Por isso, antes de julgar quem quer que seja, melhor mesmo seria se conseguíssemos olhar para nossa própria vida e ocupar nosso tempo tentando encontrar um modo de ser e de fazer bem mais feliz...

Pare de desperdiçar tanta energia julgando. Invista mais seu tempo, sua atenção e suas decisões no que realmente te faz feliz. O problema, talvez, seja dar-se conta, neste momento, de que você nem sabe o que te faz feliz. Daí, meu amigo, é hora mesmo de reavaliar o que você tem feito com seus dias e encontrar-se.

É por experiência própria que afirmo com segurança: toda vez que foco meus talentos e minha força no que estou fazendo e querendo, a vida desenrola-se de um modo incrivelmente lindo. E é isso que me faz realizar o que desejo e sentir-me profundamente grato pela oportunidade de ser eu mesmo.

19

Nem tanto **sal**, nem tanto **açúcar**.

A vida guarda a sabedoria do equilíbrio e nada acontece sem uma razão justa.
Zíbia Gasparetto

Dizem os grandes mestres que a felicidade e a sabedoria estão sempre no meio. É o caminho do meio que nos conduz à felicidade. A questão é que o seu meio pode ser bem diferente do meu.

De todo modo, o segredo é avaliar os extremos e perceber se é momento de ir mais para a esquerda ou mais para a direita. Tudo depende de onde você está agora!

Usei esse título porque me parece que o uso que temos feito de ingredientes como sal e açúcar revela bastante sobre nossa dificuldade de encontrar o equilíbrio em nossa vida, de modo geral. Que excesso de sal provoca infartos, AVC e problemas no coração, e que excesso de açúcar provoca obesidade, diabetes e enfraquece o sistema imunológico, a maioria das pessoas já sabe. Mas, ainda assim, por que será que se livrar dos excessos tem sido tão difícil? Por que será que tem sido bem menos frequente do que deveria? Por que será que temos tanta dificuldade de encontrar o equilíbrio e viver a partir dele?

Não se trata somente dos excessos alimentares. Tem a

ver com excesso de pressa, de ansiedade, de intolerância, de consumo, de tevê, de computador, de celular... Excessos que só nos desestabilizam e roubam nosso bem-estar e nossa leveza. Excessos que nos roubam momentos que poderiam ser incríveis, com muito mais riso, alegria, amizade e amor.

Fique atento ao que está em excesso em sua vida. Procure o seu meio, o seu equilíbrio. Certamente é diferente de outras pessoas com quem você convive. Por isso, cuidado para não exigir do outro as mesmas decisões que você tomar. Isso também pode estar sendo um excesso no seu caso.

Minha sugestão é que você comece diminuindo um pouco a cada dia. Hoje, uma colherinha de açúcar a menos no café. Amanhã, além disso, uma pitada de sal a menos na salada. Depois, meia hora a menos de tevê e meia hora a mais de conversas ou namoros, ou brincadeiras com quem amamos. Que tal?

E assim, de cuidado em cuidado, a vida começa a fazer muito mais sentido.

20

O seu **alimento** diz muito sobre **você**.

Comer é uma necessidade, mas comer com inteligência é uma arte.
La Rochefoucald

Infelizmente, a maioria das pessoas só reflete sobre a qualidade de sua alimentação depois que o corpo já foi atingido pelas escolhas erradas ou exageradas.

De fato, só passamos a nos preocupar com o que está em nosso prato todos os dias quando já somos mais velhos, ou melhor, já vivemos algumas décadas e os exames médicos começam a revelar o estrago que alguns excessos nos causaram. Uma pena!

Alimento tem a ver com prazer, sabor, escolha, informação, gosto pessoal e, sobretudo, com consciência. Sabor é importante, sim, mas também tem a ver com permitir-se experimentar, arriscar novas texturas, novas cores, novos tons. Afinal, o que mais conta é o fato de que nosso organismo assimila não só o sabor, mas, principalmente, a composição do alimento. É isso, por fim, que vai nos garantir mais ou menos disposição, mais ou menos bom humor, mais ou menos conforto físico, mais ou menos beleza, seja na pele ou no próprio resultado de como nos colocamos no mundo.

O segredo, tenho aprendido na prática e repetido, está no equilíbrio. Nada precisa ser eliminado completamente, desde que saibamos respeitar nossos próprios limites. Uma vez que nos conhecemos e descobrimos o que nos faz bem e o que nos faz mal, podemos escolher. E quando começamos a fazer escolhas, nossa vida torna-se, de fato, nossa!

Sugiro que, a partir de hoje, você busque informações sobre os alimentos de que mais gosta e aprenda sobre o que te faz bem e o que não te faz tão bem assim. Pergunte-se por que prefere determinados alimentos e nem se permite experimentar outros. Muito provavelmente, suas preferências e suas resistências têm a ver com crenças da infância, com supostos traumas ou, ainda, com a forma como tais alimentos eram preparados.

Lembre-se de que qualquer alimento, quando preparado com cuidado, com conhecimento e com ingredientes frescos e bem-selecionados, tende a ficar muito saboroso. Quando combinado com uma boa bebida e uma ótima companhia, daí não tem mesmo como ser ruim.

Então, por que só se dar as ditas junk foods (besteiras, porcarias)? Por que não se tratar como rei ou rainha e permitir-se pratos mais elaborados e coloridos? Tudo depende de como você quer chegar aos 40, 60, 80 ou até aos 100 anos! Pense nisso e no que vai comer em sua próxima refeição!

21

Renove seu **entusiasmo**.

Um coração alegre é bom remédio,
mas o espírito abatido seca os ossos.
Provérbios, 17:22

Não sei se você sabe, mas o significado da palavra "entusiasmo" é simplesmente encantador. Quando ouvi pela primeira vez, fiquei dias refletindo sobre isso. Entusiasmo quer dizer "Deus dentro de si", e raramente uma palavra fez tanto sentido para mim como essa...

Ter "Deus dentro da gente" torna-nos tão fortes, tão otimistas, tão cheios de vontade de realizar, amar, viver e ser feliz que não teria melhor adjetivo para descrever pessoas que se sentem assim do que "entusiasmadas". Como bem disse Napoleão Bonaparte: "O entusiasmo é a maior força da alma. Conserva-o e nunca te faltará poder para conseguires o que desejas".

Agora, sempre que me recordo disso, foco minha energia no sentido de entusiasmar-me. E é incrível como funciona! De repente, pego-me mais disponível ao outro, mais gentil, mais sorridente e mais agradecido por tudo o que me acontece.

Talvez você esteja se perguntando como conseguir isso, e eu posso lhe garantir que grande parte dessa conquista tem a ver com uma escolha, com a sua decisão – firme e consistente – de abrir-se para a luz de uma sabedoria superior e sagrada. E essa sabedoria já está disponível. Basta que você se permita acessá-la.

Não importa de que religião você seja, nem sequer se você pratica uma. O que importa é a sua percepção e a sua humildade para reconhecer que somos tão pequenos diante da grandeza do Universo que certamente existe um Maestro regendo a composição humana.

Apenas o fato de entregar-se a essa regência já possibilita o exercício do entusiasmo em seus dias. Tente e verá a diferença! Na próxima vez que se sentir desanimado e sem entusiasmo, imagine que você está cansado e confuso para continuar dirigindo sua própria vida, como se fosse mesmo um automóvel, então, entregue a direção a quem sabe mais, a quem pode mais. Pule para o banco de trás e peça para que seu Mestre, seu Deus, guie por você, até que você recupere seu discernimento, seu entusiasmo, e possa retomar a direção. Isso também é uma forma de reforçar Deus dentro de si.

Isto é, existem muitas formas de renovar seu entusiasmo, mas você precisa ser humilde o bastante para admitir que o seu está desbotado e precisando de uma restauração. Decida-se por ficar entusiasmado, e verá que os problemas e as dificuldades tornam-se bem menores e bem mais fáceis de ser solucionados.

22

Permita-se ocupar o seu lugar **no mundo**.

E nem entendo aquilo que entendo: pois sou infinitamente maior que eu mesma, e não me alcanço.
Clarice Lispector

Você conhece alguém que parece sentir medo de ser ele mesmo? Que parece estar no mundo “de favor”? Que parece precisar de autorização, a cada passo, para tudo o que vai fazer? Sim, eu conheço algumas pessoas assim, infelizmente.

Machucadas, maltratadas ou sem saber como receber amor, sentem-se com um enorme vazio no peito, tentando descobrir se podem e como ser elas mesmas, como ocupar seu lugar no mundo.

Sei que, num primeiro momento, isso pode até parecer loucura para alguns, mas, para quem já se sentiu deslocado, não aceito e sozinho no mundo, é fácil saber do que estou falando. Eu mesmo, em algumas fases extremamente difíceis, já me questionei sobre qual era o meu lugar e como poderia ocupá-lo para que tudo o que estava acontecendo fizesse algum sentido.

Por isso, posso dizer, por experiência, que nem sempre é fácil saber qual a melhor forma de agir para chegarmos aonde desejamos. Mas é fato que precisamos nos questionar sobre o que desejamos e refletir se o que temos feito, dito, sentido e pensado está em sintonia com esse desejo. Porque, senão, corremos o risco de ir vivendo assim, inconscientemente, só reagindo aos acontecimentos, sem nunca escolher de que modo queremos fazer e para qual direção queremos caminhar.

Precisamos ser nosso próprio guia. E quando percebermos que não estamos dando conta, que estamos perdidos e sem saber para qual direção seguir, então é hora de pedir ajuda ao nosso Guia Maior, ao nosso Deus, Àquele que nos criou e que tudo sabe. Pois é fato que Ele fez um lugar especial para cada um de nós neste mundo.

Por isso, a partir de hoje, lance mão de sua ética, do melhor que existe em seu caráter, de seu senso de justiça e de sua dignidade e lembre-se de que, enquanto você não ocupar o seu lugar, ele continuará vago. E você continuará fazendo falta na completude do Universo. É seu dever fazer a sua parte!

Só você tem a competência para ocupar o seu lugar. A sua beleza, o seu talento e a sua luz só podem aparecer se você acreditar em si mesmo e apostar que não está aqui por acaso, por nada. Vá em frente, arregace as mangas e faça por merecer o lugar de VIP que você ganhou ao nascer.

23

Você dá **pouco**, o **suficiente** ou o seu **melhor?**

Dê o seu melhor e a vida lhe retribuirá!

Rosana Braga

Lembre-se de que a única referência verdadeira para tudo o que você faz, pensa ou sente é você mesmo! Portanto, se você tem pouco e dá pouco, então, você dá tudo o que tem. Mas isso certamente está longe de representar o seu melhor!

Se você tem muito e dá pouco, então, você está agindo pobremente e cultivando um buraco interno. Mas se tem pouco e dá ainda menos, é a conta mais miserável que alguém pode fazer na vida.

Quando digo que você tem pouco ou muito, não estou me referindo a bens materiais ou dinheiro. Estou falando de seus valores, sentimentos, desejos e sonhos. Estou falando do que te faz ser iluminado ou escuro. Tem a ver com referências internas, pessoais. Tem a ver com quem você é, com quem está se tornando, o quanto amadureceu durante a vida.

Dar pouco ou muito em tudo o que você faz tem a ver,

sobretudo, com sua disponibilidade interna, com sua alegria de ser, com sua vontade de viver. Tem a ver com o quanto você acredita que pode fazer a diferença simplesmente existindo de verdade.

Se você tem dado pouco de si naquilo que vive, seja em ações, palavras ou sentimentos, penso que, mais do que estar ou ser pobre de verdade, é porque você está com medo. Medo de não ser suficiente. Medo de não ser retribuído ou, pior, de ser ridicularizado ou não valorizado.

Mas aposto que há em você o princípio da abundância. Uma abundância que só pode vir à tona quando você age de forma abundante.

E tudo isso é diretamente proporcional ao que você faz, ao que você pensa e ao quanto você dá ao mundo, às pessoas ao seu redor. Isto é, se você age como se fosse uma pessoa rica, seu mundo será de riqueza. Mas se você age como se fosse uma pessoa pobre, seu mundo será de miséria.

Reveja sua postura e reflita sobre o que de fato está fazendo aqui, nesta dimensão. É bem provável que você possa ir muito mais além! E que vai valer a pena!

24

Um segundo **para sorrir, uma vida** para mudar.

O sorriso é o idioma universal.

José Wladimir Klein

Para sorrir, você só precisa de um segundo, uma decisão, uma atitude aparentemente muito pequena. Entretanto, o mundo está tão carente de sorriso, bom humor, acolhimento e gentileza que essa escolha pode lhe render ganhos inimagináveis!

Por que será? Por que será que tantas vezes temos preferido sustentar uma carranca, insistir na intolerância e manter uma posição inflexível, tensa e pesada? A quem achamos que estamos prejudicando? Ou melhor, a quem achamos que estamos demonstrando poder ou impondo medo e submissão?

Não sei quanto a você, mas, muitas vezes, já acreditei que, mantendo um semblante fechado e transmitindo uma mensagem de dureza, do tipo "não se aproxime", eu estaria mais seguro, menos vulnerável aos outros, aos desconhecidos. Acho que é isso: usamos a braveza e a "cara feia" como um escudo, tentando nos proteger das situações com as quais não sabemos lidar.

Porque, no final das contas, toda vez que ficamos incomodados com algo, é porque não estamos nos sentindo seguros com a situação.

Mas será mesmo que essa estratégia funciona? Talvez, num momento de emergência, pode até ser mesmo que nossa expressão tensa nos proteja de um embaraço ou constrangimento. Entretanto, ao longo do tempo, é certo que esse semblante só serve para nos distanciar do que há de mais prazeroso e mais bonito nesta vida. O sorriso abraça o que há de mais honesto em cada um. Acolhe, recebe, acaricia, aceita. O sorriso é, talvez, uma das expressões de amor mais fortes e mais simples que existe. Ilumina caminhos, aponta respostas, aquece onde há frieza, amolece onde há dureza, amacia onde há rudeza.

Que tal, a partir de agora, tentar sorrir mais, relaxar mais, usar seu bom humor e sua luz para clarear as situações difíceis e conflituosas? Tente e veja que o sorriso facilita muito a vida, em todos os sentidos! E, de quebra, abre portas para a alegria e a felicidade.

25

A **gratidão** é **mágica!**

O quão feliz é uma pessoa depende da profundidade de sua gratidão.
John Miller

Reconhecimento é uma das maiores qualidades que um ser humano pode cultivar. Anestesiados pela rotina, é muito comum esquecermo-nos daquilo que nos acontece de bom, todos os dias. E, pior, envenenados pela sensação de que são os problemas que nos impulsionam a fazer mais, simplesmente aprendemos a ignorar as bênçãos que recebemos.

Dia após dia, somos agraciados com milagres maravilhosos, inacreditáveis, inesperados. Estão ali, tornando nossa vida mais bonita e mais fácil, mas nós nem notamos, na maioria das vezes. E, quando notamos, parece que não passa de um acontecimento óbvio, que não faz diferença.

Somente quando perdemos algo, ou quando vivemos alguma dor muito grande, é que nos damos conta do que temos de bom. Infelizmente, muitas vezes, precisamos perder para aprender a valorizar, a agradecer. Fazemos isso também com a vida ao nosso redor.

Repare: muitas vezes, você mora num lugar lindo, ou tem um jardim belíssimo ou, ainda, quando vai para o trabalho, passa por praças ou ao lado de uma grande árvore sem sequer notar. E o canto dos pássaros? E a incrível beleza da lua? E a deliciosa sensação do sol tocando nossa pele? Temos isso diariamente e, na maior parte do tempo, não só não percebemos como dificilmente agradecemos por isso.

Por que será que andamos de olhos fechados para os presentes que a vida nos manda, e de olhos arregalados para o que não acontece exatamente como gostaríamos e esperávamos? Por que será que ainda acreditamos que mandamos no mundo e ele tem de satisfazer as nossas vontades sempre? Por que, por fim, insistimos na ilusão de que sabemos mais sobre o que é bom e o que é ruim do que Aquele que nos criou?

Quer ser bem mais feliz? Agradeça ao seu amor, à sua família, aos seus amigos. Agradeça ao Universo, ao deus em que você acredita, aos anjos e aos céus. Agradeça à natureza, à perfeição da vida. Seja grato e verá que é assim que cada conquista passa a fazer verdadeiro sentido.

26

Mude, primeiro, a **si** mesmo!

É possível mudar nossas vidas e a atitude daqueles que nos cercam simplesmente mudando a nós mesmos.

Rudolf Dreikurs

Certamente, você já ouviu o ditado que diz que, antes de começar o trabalho de modificar o mundo, você deve dar três voltas dentro de sua própria casa. Ou seja, ainda estamos mirando para o lado errado. Ainda estamos insistindo na ilusão de que é mais eficiente tentar mudar as pessoas ou até achar que podemos mudar o mundo do que promover uma mudança, por menor que seja, em nós mesmos e em nosso entorno.

Ficar reclamando do comportamento do outro e apontando os erros alheios é mais fácil e até mais cômodo; dá-nos a sensação de que somos mais certos, melhores e até mais evoluídos que eles.

Parece exagero? Então, pare agora e reflita sobre um comportamento que você tem há anos, mas do qual não gosta muito! Bem, se não gosta, então por que não para de agir assim? Por que não muda? E daí, diante desse questionamento, a gente se dá conta do quanto as mudanças requerem tempo, persistência, consciência, dedicação e resiliência.

A gente se dá conta, na verdade, de que mudar exige atenção e trabalho diários. Não é fácil para ninguém! E isso deveria nos ensinar que, antes de exigirmos que o outro mude ou julgarmos a repetição de seu comportamento que nos parece inadequado, talvez fosse mais eficiente e produtivo se olhássemos para nós mesmos.

E para começar, não há nada que ajude mais do que exercitar a paciência. Como anda a sua paciência?

Outro segredo maravilhoso sobre as mudanças em nós mesmos tem a ver com o perdão. Como anda a sua capacidade de perdoar? Como anda a sua capacidade de ouvir o outro e dar atenção a ele? Como anda a sua coragem de viver e entregar-se?

Bem, as respostas você encontrará dentro de você mesmo. Talvez você ainda não consiga se dar conta de todos os sentimentos que o norteiam, que regem suas escolhas e seus caminhos. Mas o que eu lhe desejo é que, a cada dia, você se ocupe bem mais com sua própria evolução do que com a mania desastrosa de tentar mudar os outros.

27

Quanto mais você **teima**, **mais sofre**!

As coisas que queremos e parecem impossíveis só podem ser conseguidas com uma teimosia pacífica.

Mahatma Gandhi

Quando li essa frase de Mahatma Gandhi, achei interessante fazer uma analogia, entendendo a resistência como uma teimosia não pacífica. E exatamente por isso, quando resistimos, sentimos como se nossa paz se esvaísse, fosse embora...

Entramos em guerra com nós mesmos. Como se o que é não deveria estar sendo e o que não é deveria ser, agora e como desejamos. A confusão está armada! Resistir ao que não podemos mudar é como ficar batendo a cabeça na parede acreditando que isso fará passar a nossa insatisfação.

Não quero dizer que devemos aceitar tudo como é, sem fazer a nossa parte, sem persistir ou tentar alcançar o que desejamos. Estou falando que, em algumas situações, quando já fizemos tudo o que podíamos, ou quando não há nada que possamos fazer, o melhor é parar de brigar e relaxar.

A teimosia pacífica tem a ver com a constante busca pelo que consideramos correto, mas a teimosia gratuita ou violenta só serve para que soframos mais e mais, machucando a nós mesmos e quem está ao nosso redor, sem necessariamente alcançar o objetivo principal.

E quantas vezes por dia fazemos isso? Já pensou nisso? Já pensou em quantas vezes você sofre por causa do trânsito, fica muito irritado por causa da fila no local que você deseja entrar, fica muito intolerante porque as pessoas não estão se comportando como você gostaria?

Ok, mas o que você pode fazer? Se não existe um atalho para fugir do trânsito e se você saiu com tempo hábil para chegar aonde quer chegar, o que mais se pode fazer? O que se pode fazer para garantir que só você vá a determinado lugar numa determinada hora? O que se pode fazer se as pessoas não são robôs e você não pode controlá-las? Até pode sair de perto delas, mas nem sempre! Ou seja, em algumas situações, a gente precisa aprender a simplesmente aceitar. Aceitar a vida como ela é naquele momento, até que possamos fazer algo para ser diferente. Ou ainda evoluir a ponto de conseguir aprender com cada momento como ele se desenrola. É uma questão de sabedoria. Afinal, não há nada mais libertador do que não precisar controlar tudo, saber tudo e mudar tudo.

Você pode respirar fundo e deixar a vida acontecer. Pense nisso e, da próxima vez que não puder fazer nem pensar mais nada, apenas relaxe e compreenda que talvez esta não seja a hora certa para que isso aconteça! E que existe Alguém que sabe o que é melhor bem mais do que você!

28

Pare de dar **desculpas!**

Desculpas perpetuam a mediocridade.
Rodrigo Cardoso

Vejo muitas pessoas querendo ter do bom e do melhor, querendo ser felizes, querendo viver uma vida abundante e satisfatória, mas, em contrapartida, dando apenas desculpas, vivendo a partir de justificativas medíocres, às vezes inacreditáveis até para elas mesmas. Desculpas esfarrapadas, descabidas, absurdas até!

Tais pessoas fingem que se justificam e fingem que acreditam no que estão dizendo. E pior: muitas vezes, acham mesmo que estão enganando os outros, e não se dão conta de que são as mais enganadas, ou melhor, as únicas enganadas na situação. Afinal, a vida média e insossa é a delas. A vidinha mais ou menos é a delas. Aquela sensação de "quase" que fica incomodando feito um espinho encravado sob a pele são elas quem sentem. Mas, por algum motivo bastante triste, continuam achando que estão fazendo a sua parte e que a vida é mesmo injusta, é mesmo muito difícil.

Você quer algo? Muito bem. O que vai fazer para conseguir? Detalhadamente, quais serão suas ações, qual será o próximo passo? Para quando? Em quanto tempo vai conseguir? De quanto precisa, financeiramente falando? E o que vai fazer para conseguir essa quantia?

O problema, meu amigo, é que a maioria das pessoas passa grande parte da vida acreditando que não pode, que não tem o direito, que não nasceu com sorte o suficiente. E, assim, vai se conformando com uma vida sem graça, de nível médio, quase igual à da maioria, como se essa fosse a lei, a ordem natural das coisas. Como se isso fosse "ser normal".

É esse o seu sonho? Ser normal? Ser como a maioria? Colaborar para as estatísticas? Ou você quer ser o melhor que pode ser? Quer ser o seu melhor?

Você quer exercitar a sua singularidade e fazer que o mundo seja diferente depois de sua passagem por ele? Você quer deixar encanto e alegria aos que se lembrarem de sua existência ou pena e alívio por sua partida? A decisão é sua! Só depende do que você faz e de como faz.

Não precisa ser nada grandioso, mas precisa ser algo seu, do seu jeito, com o seu melhor. Então, até quando você vai ficar aí parado, dando desculpas para não ser feliz? Eu, felizmente, não aceito menos do que sei que posso fazer!

29

Qual é o seu **sucesso?**

Junto com o sucesso vem uma reputação para a sabedoria.
Eurípedes

Quem não quer ter sucesso? Quem não quer fazer algo e se dar bem por isso? Existe quem queira, inclusive, ganhar dinheiro e sucesso, ser reconhecido financeiramente e publicamente por suas criações e conquistas.

Porém, o que me parece é que a maioria das pessoas nem sabe o que é sucesso, nem sabe o que isso significa para si mesma. O que vejo são muitas pessoas desejando o que o outro tem, querendo ser igual a fulano ou sicrano, lamentando pelo que ainda não possuem e simplesmente perdendo a oportunidade de vivenciar um sucesso que já faz parte de sua história.

Acredito, de verdade, que sucesso é a capacidade de reconhecer o que te faz ter motivos para seguir em frente. E isso só pode ser vivenciado e sentido quando você descobre o que existe de bom ao seu redor e dentro de si. Quem são as pessoas que você ama e que, por causa da relação que mantém com elas, a sua vida ganha sentido e alegria?

Quais são seus talentos, suas qualidades? O que você faz que torna a vida dessas pessoas que você ama melhor, mais feliz, mais valiosa? Se sua vida estivesse para terminar, qual seria a sua resposta para a pergunta: “O que realmente tem importância para você”?

Um jeito de facilitar o encontro de respostas tão essenciais é fazer-se outras perguntas: “Se fosse preciso abandonar todas as coisas em sua vida, e você pudesse carregar apenas o que coubesse num pequeno barco, em que deveria caber, inclusive, você mesmo, o que você carregaria consigo? O que é essencial para que sua vida continue tendo sentido? Quais pessoas, quais conquistas, quais sentimentos?”.

Lembre-se: são mesmo pouquíssimas coisas realmente essenciais para a nossa felicidade! Às vezes, o que nos falta para sentir que o sucesso faz parte de nossa história é a coragem de tomar uma decisão. Talvez seja até a coragem de pedir perdão a alguém, de perdoar-se, de perdoar alguém. Talvez seja a coragem de aceitar-se como você é, de sentir-se grato pelo que já tem.

Enfim, apenas comece imaginando você e o sucesso juntos! E, assim, continue desenhando esse cenário, essa vida com sucesso. Vá em frente, e aja no sentido de fazer acontecer. É só você quem tem essa sabedoria. O meu sucesso eu faço diariamente, começando com o que mais importa em minha vida!

30

Você **ama** o outro como ama a **si mesmo?**

Os fracos é que são cruéis. Só se pode esperar a brandura dos fortes.

Leo Buscáglia

Especialmente quando acreditamos numa lógica divina, acreditamos também que não somos apenas indivíduos de uma mesma espécie e que dividimos um mesmo planeta. Mais do que isso, somos irmãos. Ou, pelo menos, deveríamos assim nos sentir.

Penso que a irmandade de alma é o que nos faz olhar para alguém e tentar compreendê-lo, já que amar – amar mesmo, no sentido de aceitar tal como é – é exercício para a vida inteira.

Mas o que mais me intriga é essa tarefa de amar o outro como amamos a nós mesmos. Como eu me amo? Quanto eu me aceito? Quanto me perdoo e me admiro? Quanto confio em mim e quanto sou meu cúmplice, meu amigo para o que der e vier?

Difíceis respostas, difíceis reflexões. Gosto muito de mim, tenho certeza disso, mas se é para amar o próximo como a mim mesmo, pego-me imaginando: não seria, então, o refinamento desse amor-próprio que preciso fazer?

E daí fica fácil entender que quem maltrata o outro é porque, de verdade, não sabe sequer tratar bem a si mesmo. Um amor é impossível sem o outro, porque é sempre de dentro para fora!

31

Se não for **pelo amor**, será **pela dor**...

Aprender é a única coisa de que a mente nunca se cansa, nunca tem medo e nunca se arrepende.
Leonardo Da Vinci

É o que dizem sobre a forma como que cada um de nós aprende: pela dor ou pelo amor. Quanto mais resistimos e teimamos, quanto mais insistimos em ignorar os avisos de que é preciso se reinventar, mais tendemos a aprender a lição somente quando começa a doer. Alguns, aliás, precisam sentir bastante dor até começar a aprender.

Mas, ao contrário, se nos mantemos abertos e dispostos a aceitar as mudanças e as diferenças, se mais espertamente nos damos conta do ritmo da vida e nos colocamos nela como dançarinos, impingindo movimentos sincronizados e fluidos, mais rapidamente entendemos o que há para ser aprendido e menos sofremos.

Se parece assim, tão simples, por que será que a maioria de nós só aceita e só relaxa, enfim, depois de doer bastante? Depois de a situação já nos ter machucado tanto que tenha deixado marcas por um longo tempo? Por que será que temos tanta dificuldade em mudar de direção, em admitir que estávamos seguindo pelo caminho errado e que precisamos pegar o retorno mais próximo e começar de novo?

Será que somos todos masoquistas? Será que gostamos de sofrer? Prefiro acreditar que não! Imagino que resistimos porque as mudanças e a aceitação dos próprios equívocos também exigem de nós uma grande carga de emoções e pensamentos conflitantes. Temos medo de tentar e errar. Temos medo do desconhecido.

Mas, sabe, depois de viver algumas boas décadas de vida, a gente começa a acordar para alguns detalhes que podem fazer toda a diferença em nossas escolhas e no modo como encaramos os acontecimentos, as pessoas, as mudanças e o próprio ritmo do tempo.

Não adianta resistir, pois isso só causa mais dor e só serve para fazer a gente perder um tempo precioso no prolongamento do aprendizado. A gente não sabe tudo e nem precisa saber. A gente não acerta sempre e nem precisa acertar. Essas não são exigências feitas aos seres humanos. Ninguém disse que precisamos ser perfeitos ou estar sempre certos.

O que nos disseram, e acredito que seja essa a grande expectativa divina, é que a gente precisa se render para a vida com corpo, alma e coração. Que a gente precisa se entregar de verdade, com tudo o que somos, assumindo nossos sonhos e desejos e fazendo tudo o que estiver ao nosso alcance para sermos felizes. E se assim fizéssemos, estou certo de que haveria bem menos violência, bem menos dores, bem menos tristeza, bem menos doenças.

Tenho concluído, em diversas situações, que a grande maioria de nossas angústias e de nossos desequilíbrios tem a ver com essa mania de resistir, de tentar lutar contra o que é, contra o que está. Nessa mania de impor-se o dever de estar certo. Porque isso rende muita frustração e até desespero em alguns. E isso tudo não nos faz bem nenhum!

Tenho descoberto que o melhor mesmo é relaxar o quanto antes e entregar-se ao aprendizado. Parar de resistir. Assim, muito mais vezes, viveremos pelo amor e com amor. Tente você também!

32

Ter **fé** é fundamental.

A força mais potente do Universo? A fé.
Madre Teresa de Calcutá

Não consigo conceber uma vida sem Deus. Para mim, simplesmente nada existiria sem Deus. Mas respeito as diferenças e a crença que muitas pessoas têm, e isso inclui o fato de que existem pessoas que atribuem outro valor e outro significado ao Universo, à criação ou ao próprio homem.

Sei que cada um tem o direito de acreditar em que quiser, isso é fato e também faz parte do sistema em que vivemos – a democracia – e, além disso, minha crença também inclui o livre arbítrio. Mas, de qualquer forma, afirmo e repito: penso que ter fé vai além de qualquer crença. Fé tem a ver com admitir que não sabemos tudo, que não temos todas as respostas ou explicações para todas as dúvidas humanas.

Ter fé é reconhecer que sempre temos e sempre teremos algo novo para aprender. É aceitar que ainda há muito a viver e a descobrir. E é essa noção, de acordo com o que tenho percebido ao longo de minha vida, que nos permite fazer melhor, seja no trabalho, em casa, com a família e conosco mesmos.

Enfim, o exercício da fé proporciona-nos um sentimento de pertencimento, de reciprocidade e de leveza que não acredito ser possível em nenhum outro exercício da vida. É a fé que nos permite relaxar quando não sabemos o que fazer ou para onde ir. Fé em Deus ou a simples fé na vida é o que nos dá tempo para refletir e encontrar a melhor solução.

Assim, entre um ato de fé e outro, os erros tornam-se aprendizados, a escuridão transforma-se em clareza e a dor recria-nos e fortalece-nos para uma nova tentativa de ser feliz.

Por isso, não importa qual seja a sua religião. Talvez, você nem siga uma. Mas sugiro que você pare de acreditar que precisa saber sempre o que fazer ou para onde ir. Que você relaxe e confie mais no que não vê ou no que não consegue explicar. Que você simplesmente viva mais e pense menos. Sinta mais e cobre-se bem menos.

E lembre-se: a vida é linda e você faz parte dessa lindeza. Permita-se e tenha fé, porque na hora certa, tudo se encaixa e você finalmente compreende – mas nem sempre entende – que tudo é exatamente como tem de ser! Eis o mistério da fé!

33

Não **perca** o presente – seu **maior** presente!

Algumas pessoas estão fazendo uma preparação tão minuciosa para os dias de chuva que não estão aproveitando o brilho do sol de hoje.

Willian Feather

Claro que ser negligente com a própria vida não é uma atitude inteligente. Você não só pode como deve fazer planejamentos, ter sonhos e até escrever suas metas para o futuro. O problema, porém, é quando a gente passa a viver preocupado e tenso com o que pode dar errado. Essa não só não é, definitivamente, a melhor solução, como também se trata de uma terrível armadilha que montamos para nós mesmos.

E existe muita gente perdendo o agora, desperdiçando o hoje à toa. Voltadas, o tempo todo, para o ontem ou para o amanhã, as pessoas não se dão conta do presente, do que está acontecendo ao seu redor. Nem sabem, muitas vezes, o que estão fazendo, distraídas e perdidas num tempo que não existe.

Assim, por não estarem preparadas para a beleza do agora, por estarem sofrendo pelo que passou e não fizeram ou, ainda, pelo que fizeram e se arrependeram, ou pelo que está por vir e lhes causa ansiedade e medo, elas terminam desgastando suas relações, não se conectam com o prazer e não conseguem lidar com os sentimentos que surgem a todo momento.

Pare por um instante, respire, olhe ao seu redor. Preste atenção ao que está vendo e sentindo neste momento. Esteja, de fato, presente. Apreenda o que é a sua vida. Não o que foi, nem o que será, mas o que é! Quem você é hoje, agora? Aprenda a gostar do lugar onde você está, porque é a partir daí que você poderá chegar aonde quiser!

Saiba que se você conseguir viver o dia de hoje, não o perderá para sempre como ocorreria se desperdiçasse tempo pensando em ontem ou no amanhã. Pode apostar que se sentirá muito mais em paz, tranquilo. Sentirá que está fazendo a vida valer a pena de verdade. E saberá, a cada situação, qual a melhor escolha a ser feita, qual a postura mais coerente com o que você realmente deseja. Saberá, enfim, que você é o melhor que pode neste momento, e que, dia após dia, pode fazer conquistas impressionantes.

Somente assim, descobrirá o seu papel e a sua missão nesta festa chamada Vida.

34

Respirar é viver!

Tinha lágrima nos olhos e estava infinitamente feliz por ouvi-lo respirar a seu lado.

Milan Kundera

Repare como respiram os bebês. Permita-se observá-los, em seu mundo inocente, confiante e entregue à vida! Veja como a barriguinha deles sobe e desce, enchendo-se de ar, ao inspirarem profundamente, e esvaziando, ao expirarem lentamente.

Eles sabem sem pensar, sem julgar, sem analisar. Eles sabem instintivamente, protegendo a vida e estando totalmente nela. Por isso, respiram correta e completamente.

E nós? E você? Como tem respirado? Em geral, os adultos respiram pela metade, interrompendo o fluxo do ar e parando a inspiração na altura dos pulmões. Querem encolher a barriga, aparentar boa forma, manter uma imagem socialmente admirável. Que bobagem!

Respiração é felicidade! Se nos déssemos conta do quanto a consciência do ato de respirar pode mudar nosso humor, nossa saúde e até nossa capacidade de amar, sem dúvida, pararíamos ao menos meia hora por dia só para contemplar delicadamente o movimento do corpo enquanto inspira e expira...

O ar – elemento assimilado pela respiração – é vital em inúmeros sentidos. Não é à toa que, quando estamos tensos e nervosos, instintivamente puxamos o ar com força e profundidade. Ao entrar em nosso corpo, oxigena nossas células, nossos neurônios, permite-nos pensar com mais clareza e mais equilíbrio, e proporciona-nos mais lucidez, visão mais aberta e alcance mais longe.

Puxar o ar, preencher os pulmões, sentir a vida circulando por todo o aparelho respiratório e saber que o organismo está completamente envolvido neste exercício... e depois, lentamente, soltar, relaxar os músculos, deixar o ar sair totalmente, até sentir a barriga murchar... pronto! Está completo o ciclo da vida!

Faça isso, agora! Inspire e expire! Sinta o poder do oxigênio. Lembre-se de que de um sopro divino fomos feitos e com um sopro ininterrupto mantemos a própria vida. Deixe-se ser no mundo, apenas respirando conscientemente, e ganhe em amor, luz e paz.

35

Você só **aprende** quando **reconhece** sua parte.

A grande responsabilidade do ser humano consiste em saber discernir. O mundo espera que cada um de nós assuma esta importante tarefa do justo equilíbrio.

Textos Judaicos

Toda vez que nos incomodamos com uma situação, temos parte nela. Podemos até dizer que estamos chateados com a atitude de alguém ou com o que ela disse, mas, ainda assim, temos parte e responsabilidade nisso. E essa parte tem o tamanho que nós mesmos damos a ela.

Se um incômodo desestabiliza todo o nosso dia, interferindo em várias áreas e desequilibrando-nos em vários sentidos, então nossa parte nesse incômodo é bem grande. Do mesmo modo, se o incômodo passa rápido e não é o bastante para nos atingir essencialmente, então nossa parte é pequena, como um aviso, um lembrete de que podemos acordar e nos tornar mais conscientes em algum ponto.

Não estou falando de culpa, estou falando de reconhecimento e de autoconhecimento. Aprendi que, na vida, enquanto a gente não reconhecer qual é a nossa parte, ou seja, o que fizemos ou o que deixamos de fazer em determinada circunstância, nada poderemos aprender. Nada vamos crescer com essa dor ou chateação.

Além disso, só podemos mudar aquilo que consideramos que não está bom, e se não está bom, acreditamos que podemos melhorar. Enquanto continuarmos apostando que não está bom por causa do outro, porque é ele quem tem de melhorar e mudar, então, nada vai acontecer em nossa vida.

O que é nosso é de nossa responsabilidade. Ninguém vai mudar ou melhorar a nossa própria vida. Isso é tarefa pessoal. Assim como também é verdade que todo bem que nos fazem só se torna um bem quando nós mesmos assimilamos assim.

É como se pensássemos que qualquer coisa, seja boa ou ruim, só nos atinge se abrirmos a nossa porta. Senão, continuará do lado de fora e nada terá a ver com a nossa história. Então, a questão é: para que e para quem estamos abrindo a porta? Quem tem cópia da nossa chave? Se tem, é porque nós demos essa cópia! Queremos que essa pessoa ou essa situação continue com essa cópia, podendo entrar quando quiser, como quiser, sem que nada possamos filtrar ou escolher?

Da próxima vez que estiver se sentindo contrariado, pergunte-se de que outra forma poderia ter agido, ou melhor, de que outra forma agirá quando situação semelhante voltar a acontecer. Isso é tomar as rédeas da própria vida e fazer acontecer. Isso é ser autor e não mero coadjuvante de sua história.

Responsabilizar-se pelo que é seu, direta ou indiretamente, é o segredo da autonomia e da liberdade!

36

Todos têm **medo**, mas nem todos **fogem**.

A maior insegurança não é ter medo dos outros, e, sim, sentir medo de nós mesmos.

Mestre Arièvlis

Sentir medo ou sentir-se inseguro diante de algumas situações não é motivo para vergonha ou para desistir de qualquer desafio que se apresente para nós. Sentir medo é, acima de tudo, humano. Sentir medo também é muito importante, porque serve como uma ferramenta de proteção. Se formos destemidos sempre, provavelmente ficaremos expostos a perigos reais e desnecessários.

No entanto, alguns medos existem justamente para nos superarmos, para aprendermos a conhecer nossa força, nossa verdadeira coragem. Alguns desafios surgem para que percebamos, enfim, que podemos ir muito além do que imaginamos.

A grande pena é que algumas pessoas simplesmente fogem. Não que para quem fica seja mais fácil ou que o medo seja menor. A diferença, a real diferença, não está na situação em si, mas na disponibilidade de enfrentamento de cada um.

Claro que a história de vida de uma pessoa conta muito

para a intensidade de sua coragem, mas aposto que podemos fazer um pouco, um pouquinho que seja, melhor do que temos feito.

Supere-se e liberte-se de alguns medos que o impedem de conquistar, amar e viver mais livremente.

37

Felicidade se faz com **integridade**.

Os pequenos atos de cada dia fazem ou desfazem o caráter de uma pessoa.
Oscar Wilde

Para mim, felicidade tem a ver com realização, em todos os sentidos e em todas as áreas da vida. Claro, em algumas a gente consegue se realizar mais, em outras, menos. Mas sempre dá para investir um pouco em cada uma: afetiva, espiritual, familiar, financeira, profissional, física...

Em cada fase de nossa vida, certamente seremos mais exigidos em algumas do que em outras áreas, mas penso que é justamente essa dinâmica surpreendente que nos dá motivação e alegria para fazer a nossa história ser interessante.

Infelizmente, tenho constatado que algumas pessoas acreditam que, para alcançar a felicidade, para se realizar e se sentir bem-sucedido, vale qualquer ação, qualquer escolha, qualquer preço. Também há os que acreditam que felicidade e sucesso são consequências de algum tipo de sorte ou coincidência, que acontecem por mero acaso e que, pior, não têm nada a ver com merecimento ou conquista, esforço pessoal.

Eu realmente não acredito nisso e nunca vivi em função de alguma verdade que se parecesse com essas! Durante toda a minha vida, meu maior objetivo nunca foi ter sucesso exatamente, embora não possa negar que hoje gosto muito de relembrar meus passos e constatar aonde consegui chegar. Meu maior objetivo sempre foi o de manter-me íntegro diante das oportunidades e, principalmente, das dificuldades que a vida me trouxesse. E ela me trouxe muitas.

Cada dia vivido serviu para me mostrar que essas dificuldades não eram castigos. Não! Elas foram fundamentais para o meu amadurecimento e, principalmente, para o meu aprendizado e crescimento. As dificuldades foram degraus essenciais na minha subida rumo ao melhor que havia em mim.

Sempre quis cumprir o meu dever e fazer o meu trabalho com dedicação, caráter e, sobretudo, com a minha verdade, com os meus valores. Valores que recebi de meus pais – sempre honestos, dedicados e íntegros.

Na medida em que essa escolha foi me trazendo resultados positivos, prosperidade e abundância, fui consolidando a minha crença de que sucesso e, especialmente, felicidade não são objetivos, e, sim, consequências de suas metas e dos caminhos que decide trilhar para alcançá-las.

Por isso, sempre que alguém me pergunta o que fazer para ter sucesso na vida, aposto na coragem que ela tem de ser verdadeira e íntegra a cada dia. Assim, poderá agir conforme seu coração e suas melhores intenções. É também o que desejo a você que acredita que é possível chegar lá...

38

Relaxe e flexibilize.

A mente que se abre a uma nova ideia jamais voltará ao seu tamanho original.

Albert Einstein

Sempre acho estranho constatar quanto nos prendemos aos extremos. Ou lá ou aqui. Ou tudo ou nada. Ou 8 ou 80, como muitos dizem. Parece que tendemos a acreditar que o extremo é mais seguro do que a possibilidade de relativizar.

Pessoas extremistas são chamadas, em geral, de teimosas, resistentes, tensas e inflexíveis. Ou seja, adjetivos que definem condições que fazem mais mal do que bem. Que trazem mais angústias e conflitos do que paz e soluções.

Mas, por outro lado, há também quem acredite que os extremos contêm certa força que se perde com a flexibilidade. Como se enrijecer fosse sempre melhor que amolecer. Errado! Nem sempre essa premissa é válida e vantajosa. A verdadeira inteligência está na capacidade de saber a hora de flexibilizar.

Por exemplo, agora... repare: como estão seus ombros? Tensos ou relaxados? E seus pensamentos? Estão leves e gostosos ou pesados e chatos? E seu dia, como está sendo? Você está mais para ouvir, ver, viver e decidir o que quer fazer a cada situação, refletindo sobre seus sentimentos e desejos, ou já acordou com a agenda completa e rígida, fechando os olhos para tudo o que acontece de imprevisto ao seu redor?

Cuidado para não perder a chance de deixar-se surpreender pela vida! Cuidado para não se perder em certezas inventadas e em seguranças que só servem para nos afundar em tristeza e solidão.

Dê uma chance a si mesmo. Solte os ombros e pergunte-se: Que tal? Por que não? Por que sim? E se pudesse ser talvez? Que tal relaxar e flexibilizar? Que tal aprender com a sabedoria do bambu, que, diante de ventos e tempestades, dobra-se e mantém-se inteiro? Ou com a água, que, diante de obstáculos, molda-se, rende-se e supera-se?

Sempre penso que nem Jesus Cristo, talvez o homem que mais perto se aproximou da perfeição, foi radical em suas colocações. Diante de cada ser humano, por conseguir enxergar o que ia na alma e no coração de cada um, Ele sabia o que dizer e surpreendia a todos com suas palavras e decisões. Até no dia de sua morte, pregado na cruz, ao lado de um homem que era tido como ladrão, Ele aceitou o pedido de perdão dele e disse: "Em verdade te digo que ainda hoje estarás comigo no paraíso" (Lc 23:43).

Se Ele – o filho do Homem – era capaz de flexibilizar e olhar cada pessoa e cada situação como únicas, por que será que nós insistimos em ser extremistas e agir como se fôssemos donos da verdade?

Fica a dica do segredo da sabedoria: todo o espaço possível entre um extremo e outro!

39

Toda **história** tem pelo menos **dois lados**.

Compreender que há outros pontos de vista é o início da sabedoria.
Thomas Campbell

Todos nós desejamos defender nossas ideias. Afinal, é o que nos torna quem somos e, sobretudo, no que acreditamos. Tudo bem, faz sentido, mas é preciso considerar os muitos lados de uma única situação. Não dá para acreditar que existe apenas a sua verdade. Isso seria ingenuidade ou arrogância extrema. A verdade é um valor, um modo pessoal e particular de olhar a vida e o mundo. Cada um tem a sua.

Aliás, cada um tem várias verdades a partir das quais faz suas escolhas e baliza seus sentimentos. Observe: especialmente quando você está se desentendendo com alguém, o motivo é sempre um desencontro de verdades. Você tem a sua e a outra pessoa tem a dela, cada uma diferente da outra, e a discussão começa porque um não concorda com a verdade do outro. Então, o que fazer? Como resolver?

Hoje em dia, já existe até um nome bem interessante para o que se pode fazer num momento como esse: mediação de conflitos. Eu diria o mesmo, mas de um modo mais simples: escute o outro e tente compreender o ponto de vista dele. Ou seja, diante de um desencontro de verdades, é hora de lançar mão do bom senso! Uma verdade nunca anula a outra, porque as duas são válidas, cada qual sob um ângulo diferente. Então, aprenda a ouvir, ceder, considerar e, se puder, se já estiver evoluído o suficiente para isso, aprenda a colocar-se no lugar do outro.

Essa é, sem dúvida, a melhor forma de chegar a um ponto razoável para ambos e, assim, ser mais feliz, levando a vida de um jeito leve, democrático e passível de aprendizado.

Você pode estar se perguntando: se é assim tão simples, por que é tão difícil ver pessoas que praticam o bom senso e a mediação de conflitos? Essa sua pergunta baseia-se numa outra grande verdade! Somos também mais orgulhosos do que, na maioria das vezes, admitimos. Em muitas situações, não se trata de não concordar com a verdade do outro. Não se trata de considerar o que ele está dizendo um absurdo de fato, mas de querer estar certo, de querer ter razão, de não querer concordar que a gente está enganado ou que a nossa verdade pode não ser a escolhida para aquela circunstância.

Penso que tem a ver com essa nossa enorme vontade de ser querido, amado, aceito, admirado e reconhecido. Penso que a gente morre de vontade de ser gostado por todos ou, pelo menos, pela maioria das pessoas. E quando a nossa verdade é aceita, acreditamos que também somos.

Mas será mesmo que só somos queridos quando o nosso modo de enxergar determinada situação é considerado o melhor? Talvez esteja na hora de aprendermos que não precisamos fazer tanta força para nos sentirmos parte de algo.

A nossa verdade é apenas uma entre infinitas outras verdades, e quando aprendemos a ceder, a fazer ajustes e a considerar a verdade das outras pessoas, é incrível...

Eu, defendendo aqui a minha verdade, apenas sugiro – e não imponho – que você faça um teste! Respire fundo e diga "sim". Sim a novas verdades. E verá que existe um mundo belíssimo para o qual você fechou os olhos até agora.

40

Por que está tão difícil **esperar?**

Quem não espera na vida futura desespera-se na presente.
Marquês de Maricá

Parece que vivemos a era da ansiedade, a geração da não espera, da impaciência. E daí, inevitavelmente, vem o desespero! Mas é muito difícil fazer o desesperado entender essa verdade...

Sei que os avanços em diversas áreas da vida, como comunicação, tecnologia e medicina, por exemplo, faz que as pessoas se sintam aceleradas internamente também.

A velocidade do tempo mudou, com certeza. Ou, talvez, a simples percepção dessa velocidade. Há algumas décadas, o ritmo era outro. Há um século, outro ainda. Há 100 anos, poderia demorar meses para conseguir se comunicar com alguém de outro continente. Hoje, leva-se segundos.

Vivemos on-line, eu sei. Vivemos conectados com o planeta. Isso nos dá outra dimensão da arte da espera. Esperar é compreendido, por muitos, especialmente pelos mais jovens, quase como um castigo, uma tortura. Não aprenderam a reconhecer o tempo de cada coisa.

O fato é que, se a tecnologia nos deu uma noção de realidade, a natureza ainda nos mostra que esperar é fundamental. Os bebês continuam precisando de nove meses para nascer, exatamente como quando começou a humanidade. As flores têm seu tempo para germinar.

Isso não mudou. As árvores, os pássaros, as baleias, os bichos em geral ainda seguem seus ciclos. Os mesmos de sempre. A lua tem suas fases. O sol tem hora para nascer e para se pôr.

Como muito bem canta Renato Teixeira, na música *Tocando em Frente*: "(...) É preciso amor pra poder pulsar/ É preciso paz pra poder sorrir/ É preciso a chuva para florir/ Ando devagar porque já tive pressa/ E levo esse sorriso porque já chorei demais (...)".

Ou seja, tempo para amar, pulsar, ter paz, sorrir, chover, florir. A música aponta para um aprendizado essencial: andar devagar, sem apressar os acontecimentos, sem desesperar.

Na verdade, é sempre uma questão de equilíbrio. Nem tão lento, nem tão rápido.

O ditado popular ensina-nos que quem tem pressa come cru, mas também que quem demora come queimado.

Sendo assim, que tal começar a dar tempo ao tempo quando seu desespero bater? Que tal andar mais devagar quando sentir que tudo o que você quer é que seja para hoje, para agora? E, especialmente, quando a vida te der sinais de que este não é o momento, de que é hora de esperar.

Talvez você aprenda, como eu aprendi, que é bem melhor respeitar o tempo de cada pessoa, de cada acontecimento e, ainda assim, manter-se atento, observando o ritmo da vida. Porque só quando "dançamos conforme a música" é que podemos fazer bonito. E fazer bem feito.

41

Qual é o **seu limite?**

A vida é maravilhosa se não se tem medo dela.
Charles Chaplin

A palavra limite tem significados e interpretações diferentes. Reconhecer que você tem limites é extremamente importante para que você saiba também até onde está pronto para ir e quanto está disposto a viver determinadas situações.

Por outro lado, também serve para você aprender que, muitas vezes, quando acredita que já chegou ao seu limite e que não pode mais, não pode ir ou fazer além, você está enganado. É quando se dá conta de que você pode mais, sim. De que você é mais forte e mais capaz do que apostou até este momento.

As duas percepções são extremamente importantes. Porque saber dos seus limites pode evitar que você desrespeite suas crenças e suas vontades. Evita que você faça mais do que está pronto para fazer. Evita que você se machuque ou que permita que os outros machuquem você.

Estar aberto para ultrapassar obstáculos e tentar um pouco mais, considerando que talvez você possa mesmo aumentar seus muros, avançar alguns sinais e alargar seus horizontes pode ser sua grande chance de conquistar mundos que, até então, não passavam de sonhos longínquos.

Mas para se dar conta de tudo isso, você precisa se auto-observar. Precisa saber que você é um mistério grandioso a ser estudado, milhões de possibilidades a serem experimentadas. Precisa acreditar que você não é o mesmo desde que nasceu e que pode mudar, pode pensar diferente a qualquer momento.

Isso tem a ver com inteligência e flexibilidade, com querer viver e ser cada dia um pouco melhor que antes. Sinais de sabedoria que podem garantir facilidades de acesso à felicidade e ao sucesso, a qualquer tempo.

Seja no trabalho ou nos seus relacionamentos pessoais, quando você conhece seus limites ou reconhece as ocasiões em que pode arriscar ultrapassá-los, fica muito mais fluida a comunicação com as pessoas. Quanto mais você sabe quem é, e quanto mais gosta e aceita quem é, melhor pode se relacionar.

Pessoas que não sabem de si geralmente se sentem culpadas demais ou se cobram demais, como se o tempo todo estivessem agindo de um modo equivocado ou inadequado. Será? Quem disse? Onde está o manual de instruções ou comportamentos de cada um?

Felizmente, nascemos mutáveis. Podemos nos estreitar ou nos alargar de acordo com o quanto nos damos para a vida e nos entregamos para o que sentimos, pensamos e queremos.

Especialmente nos últimos anos, tenho tentado ousar cada vez mais, arriscar aqui e ali, fazer diferente. O novo é o que me instiga. O inédito é que me atrai. Assim, sinto que vale mais a pena acordar a cada dia. Meus limites não estão estabelecidos, mas são cada vez mais reconhecidos.

42

Quer **saber** como será **seu futuro?**

A melhor forma de prever o futuro é inventá-lo.
Alan Kay

Muitas pessoas costumam consultar diferentes fontes para saber como será o seu futuro. Sejam cartomantes, horóscopos, clarividentes ou pastores, muita gente espera as previsões até de psicólogos ou amigos e familiares.

Quer saber? Só você pode saber como vai ser o seu futuro! Como? Certamente, não é por meio de uma bola de cristal, até porque, apesar de todos os nossos avanços tecnológicos, ainda não existem artefatos de cristal nem eletrônicos ou de qualquer outra origem que prevejam o futuro das pessoas.

Você pode saber como será o seu futuro se aprender a reconhecer o que tem feito hoje, no presente. Quais têm sido suas escolhas? Como tem idealizado seus planos? Com que comprometimento tem se empenhado a fim de realizar seus sonhos? Quais têm sido os resultados? E quais as previsões reais para os próximos meses? Para o próximo ano?

É você quem decide o que vai ser. Claro que não existem certezas. E claro que você não tem como saber se vai conquistar "aquele" carro daqui a um ou três anos. Também não pode saber se vai alcançar determinado cargo daqui a um mês ou mais. Mas pode, com certeza, planejar-se para chegar lá.

Você pode focar sua energia e seus investimentos. Pode se informar para fazer as melhores escolhas agora, a fim de conseguir o que deseja no futuro. Não adianta achar que vai conseguir chegar ao continente europeu, partindo da América, a pé. Não vai! Não é possível. Então, se quer chegar à Europa no futuro, precisa começar a planejar-se a partir do que é possível.

Sei que nem tudo é garantido. Sei que uma pessoa pode passar a vida toda tentando ser cantora e nunca conseguir, simplesmente porque ela não tem essa habilidade. Mas conheço pessoas que, de tanto estudar, de tanto treinar, de tanto investir no sonho de se envolver com a música, chegaram aonde queriam. Ou, ao menos, chegaram aonde se sentem felizes e realizadas, por mais obstáculos que encontraram no caminho.

A questão é: quanto você está disposto a investir de verdade? Quanto você está disposto a adequar-se ao que se apresenta a você hoje, a fim de chegar aonde deseja no futuro?

Sem metas e sem planejamento, dificilmente você terá disciplina e motivação para chegar aonde quer. De nada adianta ficar se lamentando, reclamando da falta de sorte ou de oportunidades. Claro que, para algumas pessoas, certas possibilidades chegam de forma mais fácil do que para outras. Mas isso está longe de significar que essas pessoas não tenham outros tipos de dificuldades.

Além disso, dificuldades não significam impossibilidades. Aliás, as impossibilidades podem ser transformadas em possibilidades com criatividade, fé e boa vontade. Com dedicação e persistência.

Não desista do futuro que quer ter só porque o vento não está soprando a seu favor. Como diz o ditado italiano: "Se não houver vento, reme". Portanto, meu amigo, haja o que houver, lembre-se de que você tem os remos. E se não tem, pode criá-los.